自意識とコメディの日々

オークラ

太田出版

"SELF-CONSCIOUSNESS AND COMEDY DAYS" BY OHKURA

OHTA PUBLISHING.INC
No.3 Yamada Bldg 4F 22
Aizumicho Shinjuku-ku Tokyo 160-8571

もくじ

第2章 細雪と天才たち

第3章
芸人終焉、そして作家へ

第4章
つながった仲間たちとコントの日々

第5章

さまざまなカルチャーとの融合

終章
自意識とコメディの日々

装画＝設楽統（バナナマン）
装幀＝佐々木暁

まえがき

「オークラさんの自伝を読んでみたいです」

ある時期から、周囲の人たちにそう言われるようになりました。

自伝というからには自分の人生を振り返り、魅力的な場面を綴っていかなければなりません。僕という人間にどんなドラマがあっただろうか？　と回想してみました。

小学校時代、母親に「誕生日プレゼントに何が欲しい？」と聞かれてオモチャやゲームに興味がなかった僕は「忍者の頭巾が欲しい」とお願いし、風呂敷を縫い合わせた頭巾を作ってもらった。

中学時代、バスケ部の補欠だった僕はどうせ試合に出られないだろうと思い、スポーツドリンク用のボトルに、牛乳、ミロ、バナナ、レディーボーデン（アイス）、砂糖をグチャグチャに混ぜたドリンクを作って、試合中、スポーツドリンクを飲むフリをしてずっとそれを飲んでいた。とにかく餅が好きで、朝5個、昼に5個、おやつに5個、夜に5個食べていた。そんな食生活をしていたら、中学3年の時、身長160センチもないのに85キロまで太った。

高校時代、痩せないとモテないと思った僕は、痩せるために弁当に人参1本を入れて持っていき、それを学校でかじってダイエットした。卒業時には58キロになっていた。

と、ろくでもない過去しか再生されませんでした。こんな自伝ダメです。もっと読み手が興奮するような破天荒な過去だってあったはずです。

小学校時代、ふと友達に自分のうんこを見せたいと思い、トイレットペーパーにくるんで持って行こうとしたら、臭いでおばあちゃんにバレてしまい、信じられないほど怒られた。

中学校時代、どうしても女性とエッチがしたくて、新聞紙で等身大女性の人形を作り抱きしめたが、あまりにもゴワゴワして落ち込んだ……。

これは破天荒というより、気持ち悪いです。こういうのではない。だったら恋愛はどうでしょうか？　きっと素敵な思い出があったはずです。

中学時代、バレンタインデーの時、友達と一緒に帰ろうとしたら、モジモジした女子2人組に僕だけ呼び止められた。友達に待っててもらい、ドキドキしながらその2人に連れられて体育館裏に行くと、突然「お前がいるから○○君（一緒に帰ろうとした友達）にチョコ渡せねえんだよ！　どっか行ってろよ！」と言われた。

高校時代、同じクラスの男子3人、女子2人でカラオケに行ったのだが、翌日、僕を除いたメンバーが付き合うことになった。僕が帰った後、男子2人がそれぞれ女子2人に告白したのだ。

そうなんです。だから、「僕の人生なんて誰も興味ないと思いますよ」と、僕の自伝を読みたいと言ってきた人たちに対してそう答えていました。しかし、みんなのリアクションは同じでした。

「違うんです。オークラさんが見てきた芸人たちやお笑い界のことが知りたいんです」

「違うんですってなんだよ！　俺に興味はないってのは否定しないのかよ！」という多少ややこしいモードも発動しかけるのですが、誰がどう考えても目的はそれしかないのだから仕方ない。求められると、それに応えたくなるのはこの世界にいる人間の性。こうして僕はみんなの求める自伝を書くことにしました。

僕は現在、構成作家、放送作家と呼ばれる仕事をしています。

この本を手にとってくれた方の多くは、それがなんなのか認識してくれていると思いますが、世間一般の認識は「聞いたことあるけど何をしている人たちなの？」じゃないでしょうか？　僕は父に「俺はお前のやってることがわからない」とよく言われました。構成作家、放送作家を簡単に説明すると「テレビ、ラジオなどの企画を考えて、台本を書いている人」です。しかし、人によってかなりやっていることが変わります。テレビ番組の構成しかしていない人もいる。ラジオだけの人もいる。イベントだけの人、

YouTuberのネタ出し、舞台の劇作家、作詞家、漫画の原作、企業のアドバイザー、あらゆるものに手を伸ばす人、すごく優秀な人、インチキくさい人、ほぼ何もしてないのに名刺に構成作家と書いているだけの人……とにかく色々いるので、父に「やってることがわからない」と言われても仕方ありません。

では、なぜ、親にもよくわかってもらえない仕事をしているかと言うと、自分のやりたいことをやれるからです。

昔からお笑いが好きで、承認欲求が強く自意識の塊だった僕は、一度は芸人として活動するもうまくはいきませんでした。ただその時期に、僕の中で明確に目標が生まれました。それは、

「さまざまなカルチャーが融合するコントライブを作り上げる」

です。そのために僕は今の仕事をはじめ、それを目指す過程の中でさまざまな「魅力のある人たち」と出会い、運よく仲間に入れてもらい、１９９０年代の終わりくらいから頭角を現し、現在においても活躍をし続ける彼らと、共に時代を歩むことができまし

た。この本を手にとった人はおそらく、それに興味がある人だと思っています。なので、その期待に応えられるような「こういうの読みたかったんだよなぁ」と思えるものを僕なりに書いていこうと思っています。

ただ、それには僕がこの世界に入って歩んできた道を説明しなければなりません。僕の頭の中で生まれた自意識たちを知ってもらう必要があります。

正直、恥ずかしいです。だらしない体を見られるより、薄くなった頭頂部を見られるより恥ずかしいです。ただ、客観的に見たら滑稽でもありますが、多少は誰かにとって参考になるのかもしれません。

それでは素晴らしき仲間たちと僕が歩んだ「自意識とコメディの日々」。

しばし、お付き合いください。

第1章
オークラ、お笑いを志す

みんなお笑い自意識過剰だった

１９９０年代初頭、物心ついた時からドリフ、ＢＩＧ３、とんねるず、ウッチャンナンチャンなどとテレビから流れるお笑い番組を当たり前のように見て育った第2次ベビーブーム世代の若者たちは、１人のカリスマによってある啓蒙を受けた。

「全エンターテインメントの頂点に立つのがお笑いで、面白くないヤツはセンスがない。面白ければ大抵のことは許される」

このお笑い至上主義な考え方は、勉強やスポーツができなくても、楽器が弾けなくても、容姿がイマイチでもいい。だって俺は面白いからと自信を与えてくれた。そのカリスマとは言わずと知れたダウンタウン松本人志さんで、彼に触発された若者たちがこぞってお笑いの世界を目指した。

松本さんの啓蒙はそれだけではない。僕自身も含めて多くの若者に影響を与えたのが「お笑いを目指すもの」＝「クラスの人気者、ひょうきんな人」という世間一般の考え方に対して「クラスの人気者が一番面白いわけではない。本当に面白い人間はそういうヤツを見てニヤニヤしているヤツだ！」という価値観を提示してくれたことだ。

松本さんの言葉（そんなことを本当に言ったかどうかはもう忘れてしまったが少なくとも自分はそう受け取っていた）は、クラスの人気者ではないが「自分には何かがある」と思っていた承認欲求の強い若者たちの心に火をつけた。

これによって有象無象の若者が芸人を目指すわけだが、世の中はそれほど甘くない。ほとんどの若者は〝自分の何か〟を見つけることができずにその炎を消すことになる。

1993年、僕が大学1年の頃は「自分が一番面白い」とギラギラしているお笑い自意識過剰男子がウヨウヨ生息していたし、もちろん僕もそんな1人だった。

合コンと言えば女子を口説く場である。しかし、大学時代の僕は「それよりもそこに集まった男子の中で一番面白い人間だ」と主張することがなによりも大事だった（単にモテないからその方向へ走ったのかもしれないが、そのへんの思い出は多少美化して進めます）。

人間の脳とは都合のいいもので、実際、ウケたかどうかは別としてウケた記憶しか残ってないのでウケていたということにしている。ただ、ウケなかったとしても、お笑い自意識過剰男子には「俺の笑いがわからないのは相手がバカだからしょうがない」という最終自己防衛手段があったから、なおさらスベっていたなどとは微塵も思っていなかった。

関西出身の脅威

そんな自称天才はある日の合コンで惨敗を喫する。ある男が発したたったひと言に、そこにいた全員が爆笑していた。そのひと言とは……「なんでやねん！」である。

当時は空前のダウンタウンブーム。関西出身でもない若者たちが自分の母を「おかん」と呼びはじめた時代。関西出身のその男、N君（実際は三重出身）が女子たちが言った他愛もないひと言に対して本場の「なんでやねん！」（実際は三重出身）を炸裂させたのだ。その瞬間にそこにいた関東圏の女子たちは狂喜乱舞した。

「面白い〜！」

ただの「なんでやねん」である。が当時はその言葉が「おもしろのアイコン」として確立していた。僕自身「ただツッコんだだけじゃん。それだけで何が面白いの？」と思いつつも、テレビでしか見たことのなかった「生なんでやねん」にそこそこ興奮した。特に好きでもない芸能人を見かけた時くらいの興奮だ。

とはいえそこは合コンという名の笑いの戦場。負けるわけにはいかない。気持ちを奮い立たせ、なんとか取り返そうとこっちも頑張ったが、その合コンは終始N君のペースだった。「こんな合コンやる気ないわぁ」と言いながら用意していたハチマキを頭に巻いたり、「俺は東京に来る時に、親と約束したことが3つあるんや。借金はするな、ギャンブルはするな、早く童貞は捨てろ」などなど、今でもN君の言っていたことは覚えている。今、考えるとベタなフリとオチの話なのだが、当時の僕はただ漠然と変なことを言って、笑いの構造みたいなものをまったく考えてなかった。N君はスムーズな関西弁で女子たちをツッコみ、「やる気がない」という前フリからハチマキを締めたり、親との3つの約束という三段オチをかます。そんな基本的なことにしびれまくると同時に悔しさを噛みしめていた。その合コンの最中、僕がトイレで1人落ち込んでいると、後からN君が入ってきて僕を見てこう言った。

「君、俺が東京で見たヤツの中で一番おもろかった」

うれしかった。その時、自分がN君に対抗するために何をしゃべったかは覚えていない。しかし、自分なりに必死に食らいついた努力はN君の心に届いていたのだ。

結果、僕とN君は女子たちと連絡先を交換することもできずに、その合コンの幕は閉じた。しかし、僕の心は満足していた。なぜなら本場関西（実際は三重出身）の人間に認められたからだ。

それ以来、僕とN君は友達になり、大学で会えばお笑いの話、互いの家に行ってはお笑いのビデオを見たりするようになった。

余談だが、お笑いのビデオといえばまだ作品がほとんどなく、インターネットも普及していない時代（当時のレンタルビデオショップに置いてあるお笑い作品と言えばダウンタウンの漫才を収録した『ダウンタウンの流』、ウッチャンナンチャンを中心としたフジテレビのコント特番『笑いの殿堂』、あとはイッセー尾形の一人芝居くらいだった）なので、お笑い好きにとってテレビのお笑い番組がすべてだった。

今でも覚えているのが当時、付き合えるかどうか？　くらいの女の子と遊園地デートをしている時、ふとあることに気づく。

「ヤバい！　今夜『ダウンタウンのごっつええ感じ』に志村けんが出演するのビデオに録ってくるの忘れた！」

今ほど芸人同士が同じ番組で共演するのが当たり前ではない時代、イケイケのダウンタウンと志村さんの初絡みなんてお笑い好きからしたら、何を差し置いても見なければいけないオンエアである。ＨＤＤで勝手に録画してくれる今とは違い、見たい番組はビデオテープをセットしてタイマー予約しなければならない。「毎週〝ごっつ〟を予約していたのに、なんでこの日に限って予約を忘れたのか？」と自分を恨んだ。実家に電話して録画を頼もうとするも留守。まだ携帯電話もそれほど普及していないため、外出したら家族に連絡を取ることはできない。絶対絶命のピンチ。僕は意を決し、その女の子にお願いをした。

「今から俺の部屋へ来ない？」

「今から？」

「うん」

「……急じゃない？」

ごもっともだ。男が女を家に誘うのに重要なのはタイミングだ。普通夕食後とかそういう時だ。遊園地で遊んでいる途中に言うことではない。しかし、ダウンタウン×志村けんという夢の共演を見逃すなんて、お笑い好きとしてそれ以上にありえない。

「どうしても今夜の〝ごっつ〟を見たいから、今から俺の部屋へ来ない？」

「……はぁ？」

ごもっともだ。男が女を家に誘う理由はほぼ下心だ。みんなそれを隠してあの手この手でそれっぽい理由を考えてスマートに誘う。こんな下手くそな誘い方はない。しかし、こっちは下心なんてまったくなく、純粋に〝ごっつ〟が見たいという思いしかなかった。

結果、彼女は僕の家に来てくれた。ピュアな気持ちが彼女に通じたのか？　あまりの強引な誘いに根負けしたのか？　わからないがとにかく彼女は僕の家に来てくれた。2人してダウンタウンと志村けんの夢の初共演（10分もなかったが）を見た後、僕は隣に座る彼女を見て、下心を取り戻した。その後、僕たちは付き合うことになった。初めての彼女だった。

初コンビ「オークラ劇場」結成

N君と知り合ったことでさらに僕のお笑いに対する熱は高くなり、この熱に浮かされた人間なら当然たどり着く想いをN君にぶつけた。

「俺と一緒にお笑いライブに出ない？」

「……はぁ？」

N君の解答は奇しくも〝ごっつ〟の時の彼女と同じだった。

純粋だった僕は半ば強引に彼と一緒にお笑いオーディションを受けることにした。大学1年の終わり、1994年の春休み、当時、松竹梅の松みのるさんがプロデュースしていた『THAT's笑ライブ』の新人コーナー出演者募集という記事を見つけ応募したのだ。でもそのライブのことはよく知らなかった。当時、東京で若手お笑いライブといえば1986年から続くコント赤信号、渡辺リーダーによる『ラ・ママ新人コント大会』だったが、ウッチャンナンチャン、爆笑問題などを輩出した東京最高峰で最も歴史のある若手ライブに少しビビッてしまい、よく知らない『THAT's笑ライブ』に応募させてもらった（結果、そのライブも結構すごかったのだが）。

新人コーナーのオーディションに参加するにあたり、僕らはコンビ名を決めなければならなかった。僕はN君と上野の喫茶店で話し合ったのだが、なかなかいい名前が思いつかず、少しリフレッシュしようと、すぐ近くにあったポルノ映画館に入った。

男子はモヤモヤすると1人でエロいことをして、リフレッシュする生き物である。その結果、リフレッシュというよりはダルくなり色々どうでもよくなるのだが……。ポルノ映画を見た僕らは、当然のごとくコンビ名などどうでもよくなって「今日は帰ろうか」と、『上野オークラ劇場』という名の映画館を後にした。

数日後、池袋の小さい区民ホールで『THAT's 笑ライブ』のネタ見せは行われた。

コンビ名は「オークラ劇場」にさせてもらった。

「我こそは未来のダウンタウン」と思い込んだ30組以上の若手たちが参加するそのネタ見せは数人のネタ見せ常連の芸人たちが談笑しているくらいで、誰がどんなネタをやろうがみんなクスリとも笑わない空気。未来のダウンタウンたちが他人のネタで笑うわけがない。そんな状況下で、初めて人前でネタをやる僕らは、その緊張感に耐えきれなくなり、一度外へ出て近くの公園でネタの練習をすることにした。しかし、緊張で練習にも身が入らない。これはヤバいと思った時、

「緊張してるね？」

と言葉をかけてくれた2人組がいた。同じネタ見せに来たそのコンビは、緊張を隠しきれない僕たちに向かって「誰でも最初は緊張するよ。だったら僕らが一度見てあげるよ」と言ってくれた。ネタ見せ前なのに緊張感などまるでなく、人のネタを見る余裕。正直、僕は彼らを格好良いと思った。ネタを見せると、彼らは気を遣ってくれて笑顔で「面白いよ」と言ってくれた。

おかげで少し楽になってネタ見せに臨むことができたが、結果は誰も笑わない。ネタ見せをした松みのるさんにも「そのレベルじゃ新人コーナーも出せないな」と言われ、お笑い自意識過剰大学生の初挑戦は惨敗に終わった。


帰り支度をしていると、あの格好良いコンビがネタをはじめた。

彼らのコンビ名はライトアップボーイズ。

恩人である人たちにこんなことは言いたくないのだが、恐ろしいほど面白くなかった。そのネタ見せ以降、彼らを見たことはない……もちろん、その時のことは感謝をしていますが……。

あれだけ自分はスベったくせに人のネタには難癖つけられるのが「お笑い自意識過剰」という生き物で、恩人のライトアップボーイズさんのネタを見ながら、「このライブの新人コーナー、大したヤツいねーな」と思っていると、そのすぐ後にシュッとした2人組がネタをはじめた。

「お前らがお笑いやるのかよ?」

そんな上から目線で見ていると、ネタ見せ会場の空気が変わった。人のネタなんかでは笑わないお笑い自意識過剰の芸人志望たちがクスクス笑いはじめたのだ。明らかにこれまでネタを見せてきた人間とは一線を画していた。

「面白れぇ」

素直にそう思えた。

そのコンビの名前はアンジャッシュ。

今でも思う。芸人として名前を轟かせる人は最初から面白い。

哀しみの初ライブ

一度目の失敗は「誰でも最初は緊張するもの」という正当な理由によって自分の才能と向き合わなくてすむ。

なのでオークラ劇場は懲りずに違うお笑いライブのネタ見せに応募することとした。その時持って行ったネタは「手相占い師と客」というコント。内容は手相占いに来た客の前に現れた変な占い師が変な占いをするというどこにでもありそうな、なんのオリジナリティもないネタで、細かい内容は忘れたが、今でもハッキリ覚えていることがある。

それはそのネタ見せを取り仕切っていた人が言い放った言葉だ。

「お前らは占いネタというのがわかってない！　占いにはいろんなボケが詰まってる！　まず最初に客が手相を見せる時に手の平を見せるな！　手の甲を見せろ！　そしたら占い師は逆！　逆！　とツッコめ！」

僕は耳を疑った。だがその言葉は続く。

「次に、占いがはじまったら占い師は客の手の平を見てこう言え。〝これが運命線、これが生命線、ぐるっと回ってるのが山の手線、真ん中通るが中央線〟。こうボケろ！　わかったな！」

ウソだろ。なんだ、その地獄のようなボケは？

「次のライブ出してやるからこれやれ！」

これはもうネタ見せではなくネタハラスメントだ。しかし、お笑いライブに出たことのない大学生の僕らにとってネタを見てくださる方の言葉はある意味、絶対だ。おまけにライブに出してくれる権限を持っているとなれば、これはもう絶対神だ。僕らの答えは決まっていた。

1994年5月、お笑いコンビ・オークラ劇場は初舞台に立つことが決定した。『元気なはぐき』という名のそのお笑いライブの会場は渋谷の小さいショーパブ。客は50人くらい。チケットにはノルマがあって、出場する芸人1組あたり6枚（1枚1000円くらい）を売らなければならない。売れなかったら自腹。もちろんギャラはなし。今はどうか知らないが、当時のお笑いライブはちゃんと主催者が損しないようにできていた。なので僕は「僕を笑いの天才と信じてくれる中学の同級生3人とその彼女たち」にチケットを買ってもらった。


緊張の本番前、相方のN君が僕の耳元でコソっとささやいた。

「アレ、あのボケ本当にやるの？」

「……なんで？」

「なんでって……おもろないやん」

「……」

もちろん、そんなことはわかっている。1994年はお笑い界の生きる伝説松本人志がエッセイ『遺書』を発売した年だ。擦り切れるほど読み、そこに書かれた笑いへのこだわりに勝手に共感したお笑い自意識が爆発寸前の若者にとって、手の甲を出して「逆！　逆！」や手相を見て「これが運命線、これが生命線、ぐるっと回ってるのが山の手線、真ん中通るが中央線」という鬼のようにしょうもないボケを客前でかますことはありえないことだ。

「そんなこと言ったってやらなきゃダメなんだよ……！」

僕は、生きる伝説よりも目の前の絶対神を優先したのだ。

こうして忘れられない初舞台の幕が開けた。

初めてのステージ、やりたくないネタ、客席には僕を信じる同級生。人間を緊張させる条件は十分すぎるくらい揃った。

「ダメだ！　逃げ出したい！」

数組の芸人がネタをこなしていく中、僕の頭の中はそれで埋め尽くされたが、そんなわけにもいかない。そうこうしているうちに出番がやってきた。

「続いては、なんと今回が初舞台だそうです。オークラ劇場!!」

ライブMCを務めていたノンキーズ（現在解散）が僕らを紹介し、出囃子が鳴り響く。

もう覚悟を決めてステージに飛び出すしかなかった。

ネタを披露した3〜4分、あの騒がしい渋谷から何も音が聞こえなくなった。

「あんなネタでウケるわけがない」と言いたいところだが、もうそういうレベルの話じゃなかった。緊張しすぎて、僕の声が小さくなりすぎて、ネタそのものが客に聞こえてなかったのだ。

「これに懲りて解散しないでね！」

ネタが終わり、袖に引っ込もうとする僕らにMCのノンキーズ白川さんが言うと客は笑った。僕らはそれを無視してステージ袖へ引っ込んだ。袖に引っ込む間のコンマ何秒の間、

「俺には才能がないのか？」

「このまま終わっていいのか？」

僕の中に残された微かなプライドが、そう訴えた。

「……いや、ダメだ！」

少し間を置き、僕は再び舞台に飛び出し叫んだ。

「ちょっと！　解散しませんよ！」

起死回生を図るも、再び渋谷から音が消えた。

舞台袖から僕を見つめるN君の憐れむような表情を僕は忘れない。


その後、僕らにあのボケを授けてくれた絶対神から「あんな小さい声でやったらウケるネタもウケない！」と説教され、僕を笑いの天才と信じてくれたはずの同級生たちからは「やっぱ本物の芸人と比べると全然ダメだったね」と言われた。

よく若い芸人さんから「ネタ見せの時にいろんなアドバイスを受けるのですが、納得できない場合どうすればいいのですか？」と聞かれることがある。これに関してはハッキリ答えることができる。

「納得できなければやらなければいい」

ネタ見せの意見なんて話半分に聞いておくくらいがちょうどいい。言う通りにしてスベったら腹が立つし、ウケてもあまりうれしくないのだから。

地獄の初舞台から数日、喉元過ぎて熱さを忘れた僕は「アレは俺のせいじゃない」と再び自信を取り戻し、N君に次なるお笑いライブのネタ見せの話を持ちかけた。しかし、N君の口から意外な答えが返ってきた。

「俺はもういいよ。正直、自分の人生をお笑いに賭ける覚悟はない。やるなら1人でやってよ」

N君は冷静に未来を見据える自意識を持っていたのだ。

オークラ劇場、ピンになる

7月。たった一度の舞台で相方を失った僕は、次なる相方を探すも誰も見つけることができず、結局、1人で「オークラ劇場」と名乗りネタ見せに行くことになり、それからしばらく『元気なはぐき』を主戦場としてピン芸人として活動することになるのだが、この『元気なはぐき』、都内有数の最低なお笑いライブだったのだ。

このライブで当時一緒に活動したのが、オールラウンド、スクラップ、ウルトラモダーンズ、コンパスといった芸人たちだ。おそらく、彼らの名前を知っている人は100人もいないだろう。なぜなら彼らは誰も芸人として花開くことなく辞めていくからだ。というか、この『元気なはぐき』で知り合った芸人のほとんどは消えていった。

僕も含め、そんな芸人しか出ていないライブに客が入るわけない。それでもたまに当時のライブシーンで有名だったノンキーズや海砂利水魚（現くりぃむしちゅー）が出演すると50人くらい客が集まるのだが、そういう方々が出ないと客は5人くらいしか集まらなかった。

しかし、どんなダメなライブにも常連客はいて、『元気なはぐき』にも5人の女性客が毎回来てくれた。彼女たちとは次第に顔馴染みになっていき、ライブが終わると飲みに行く関係になっていた。自称芸人が客という名の女友達の前でネタをやり、その後、飲みに行く。これはもうただの仲良しサークルだ。

そうなると当然のように男女関係になる者も現れてくる。ある時、1人の芸人がその5人の女性客のうち2人と関係を持ってしまった。2人はその芸人と「どちらが付き合うのか？」で揉め、ライブ中にケンカをはじめる騒ぎに。なんとか収まるもその後に登場した僕は信じられない空気の中でネタを披露することになった。

ライブが終わり、僕はその芸人を注意した。すると「……どちらとも付き合わない」と、彼は神妙な面持ちで答えた。「なんでお前が悲劇の主人公みたいな顔してんだよ！」と言いたかったが、我慢した。そして後日。

「オークラが変な告げ口をしたから私たちフラれたのよ！」

すべて僕のせいになっていた。

こうして、しばらくの間、僕はネタをやっている最中、5人の客のうち2人からずっと睨みつけられるという事態に陥った。


初めてお笑いライブに出てから数ヶ月。僕はこんなぬるま湯の中にいた。しかし、一応ネタを考え、芸人としてステージに立っていたので、僕のお笑い自意識はなんとなく満たされていた。


「俺は誰よりも面白い」

まだそれを信じて疑わない威勢の塊だった。

ラママとAさん

「今度、ラママ見に行かない？」

ある日、先輩芸人にそう誘われた。ラママとは『ラ・ママ新人コント大会』の略称である。先にも述べたがラママは東京最高峰の若手ライブで、僕がビビッてネタ見せを避けたライブでもある。

ちなみにラママとは会場でもある渋谷La.mamaのことで、80年代初頭のインディーズバンドブームの拠点となり、イエモンやミスチルなどを輩出した名門音楽ライブハウスだ。お笑いと言えば基本寄席なのだが、音楽のライブハウスでお笑いをやることによって若者たちが集い、そこからウッチャンナンチャン、ピンクの電話などが頭角を現し、１９８０年代後半のお笑い第3世代ブームの拠点ともなった。

ビビッていたが、「誰よりも面白い」と信じて疑わない威勢の塊だった僕は「どれほどのもんか一度くらい見ておこうか」くらいの上から目線でラママを見に行くことにした。その時、登場した芸人は、爆笑問題、X-GUN、MANZAI-C、海砂利水魚、底抜けAIR-LINE（古坂大魔王が組んでいたトリオ）、ネプチューンというメンバーで、１９９４年、当時はテレビで若手のネタ番組などほとんどなかったので、僕は爆笑問題以外は名前くらいしか知らなかった。しかし、会場に入り、客席の雰囲気を見るなり『元気なはぐき』とのあまりの違いに狼狽した。定員１２０名くらいのライブハウスは、もうこれ以上入れないくらいの客で埋め尽くされ、その客たちはこれからはじまるライブに胸を躍らせ、目をキラキラさせていた。嫌な予感がした。「俺より面白かったらどうしよう」。

ライブがはじまってからの約2時間、出演したすべての芸人のネタで会場が揺れるほどの爆笑が起きた。出演者も客も異常なほどのエネルギーで満ち溢れていた。しかし、僕は下を向いていた。格の違いを見せつけられて、恥ずかしくてたまらなくなったのだ。「『元気なはぐき』でネタをやって芸人気取ってる俺ってなんなの?」

「俺は誰よりも面白い」と信じていた威勢の塊はもろくも崩れ去った。

今になって考えてみると、この時、ラママに出ていたメンバーに、フォークダンスDE成子坂、U-turn、ノンキーズ、Take2あたりを加えたのが当時の非吉本系東京若手ライブシーンの一軍メンバーで、彼らがこの1~2年後にボキャブラブームを生み出すわけだから、ブーム前夜のライブシーンが異常なほどのエネルギーに満ち溢れているのは当然である。彼らとてもちろん当時は〝威勢の塊〟だがレベルが違う。この時の僕は明らかに〝ほざくだけで無様〟だった。

とはいえ、テレビにもそんなに出ていない人たちが、こんなに面白いのだから生半可にやってたんじゃ勝てるわけがない……と思い知らされた僕は『元気なはぐき』というぬるま湯から抜け出さなければダメだと気づくことができた。

ぬるま湯から抜け出すために、僕は再び『THAT's笑ライブ』のネタ見せに参加することにした。ピン芸人になった僕は、イッセー尾形さんのような芝居仕立ての1人コントをやろうと奮闘していたが、ウケてはいなかった。自分の表現力ではどうにもならず、なんとかウケるために試行錯誤した結果、フリップ芸に辿り着いた。かわいい絵で紙芝居仕立てのネタを作った。基本、作った話を読み上げるだけなので演技力は必要ない。なんなら少し棒読みになった方がヘタウマでウケがいい。

そんな小ずるい作戦が功を奏したのか、数ヶ月前に辛酸を舐めた『THAT's笑ライブ』のネタ見せを突破し、新人コーナーに出場することができたのだ。

本番。『THAT's笑ライブ』は高円寺の会館（もうなくなったが）で行われて、客の数は200人以上、客が5人（しかも知り合い）の『元気なはぐき』にしか出たことのない僕はその客数に圧倒された。

出囃子と共にステージに飛び出し、僕はネタをはじめた。よく知らない芸人に対する警戒心か？　会場の空気も張り詰め、僕の緊張はピークに達した。しかし、やりたくない占いネタをやらされるよりマシだ。あの時の緊張に比べたら、全然気は楽で僕は淡々とフリップをめくってネタを進行した。すると、会場からクスクスと笑い声が聞こえはじめた。

違う！

イッセー尾形の出来損ないのような1人コントをやっていた時と明らかに感触が違う。クスクス笑いは次第に増幅していき、終盤にはそこそこ大きな笑いを生み出した。初めて手ごたえを感じた。

「優勝はオークラ劇場です」

ライブのMCからそう告げられた。僕は優勝したのだ。

たかだか新人コーナーの優勝ではあるが、「僕は誰よりも面白い」。その自意識は再び満たされることになった。

「女子高生ウケしそうなネタだね」と僕にMCは言った。一瞬、ん？　と思ったが、優勝した喜びで大して気にもしなかった。

数日後、ホームである『元気な歯ぐき』に凱旋、この快挙をいつもの仲間たちに報告した。彼らは一緒に喜んでくれると思ったのだが反応は違った。

「オークラなんて女子高生に媚びてるだけじゃん」

と陰口を叩かれたのだ。

かわいい絵を使ったフリップ芸にヘタウマなしゃべり……確かに若い女子に媚びてると言われれば、そういう部分もある。その自覚はあった。だけど、それを人に言われると腹が立つ。「つーか、女子高生ウケもできねえ、お前らに言われたくねえよ！」と言い返してやろうかと思ったが、そんな勇気もない。僕は黙ってただただ落ち込んだ。


「こんなところにいたらダメになるよなぁ」

落ち込んでいる僕にそう話かけてくれたのはAさんだった。

Aさんは僕と同じように『元気な歯ぐき』に出演していた先輩芸人で、歳は僕より10個上の30歳、ビートたけしさんを尊敬しており、その影響をモロに受け、いつも誰かの悪口を言っていた。例の5人の女性客との飲み会には参加せず「客の女と飲み行くなんてバカじゃねえーの！」と悪態をつき、ぬるま湯のメンバーから敬遠されていた。最初はとっつきにくいおっさんという印象だったが、互いにビートルズが好きということがきっかけで話すようになった。Aさんとは会うたびにビートルズや色々なミュージシャンの話で盛り上がった。学生時代から1960〜70年代のミュージシャンが好きで、同級生たちとはあまりそういう話ができなかった僕はAさんと話すのが楽しみになり、次第に2人で飲みに行くようになっていた。

Aさんはもともと小劇団を結成し座長をしていたが、鳴かず飛ばずで劇団を解散し芸人になったので、1980年代の小劇場ブームをリアルタイムに体感していた。そのため、鴻上尚史の第三舞台、野田秀樹の夢の遊眠社、三谷幸喜の東京サンシャインボーイズなど自分が知らない時代の舞台のエンターテインメントについて教えてくれた。テレビのお笑い番組や芸人のネタしか笑いの作り方を知らなかった僕にとって、演劇の笑いの作り方はものすごく興味深いものだった。

Aさんは自分になついてくれる僕をかわいいと思ったのか、僕の話も聞いてくれた。

「俺は女子高生に媚びてない」

「本当に俺がやりたい笑いはこれじゃない」

「俺はこんな笑いがやりたいんだ」

不思議なもので自分のやりたいことはおぼろげでも人に話したほうがいいと思う。漠然とした未来の展望を話すのは恥ずかしいが、誰かに話していると自分の意見の見えていない部分や矛盾している部分がなんなのかわかってきて、それを1つずつ修正や改良が加わっていき、より自分の考えが具体化されていくからだ。

当時、Aさんと話していた内容はこんな感じだ。

「今のネタは漫才にしろ、コントにしろ、ダウンタウンの影響にあってボケとツッコミという役どころをハッキリさせすぎている。さらにボケの発言に理由がない。少し前までコントはなぜそういうボケた発言になったのか理由があった。『ケンカの弱い人間がそれがバレバレなのに虚勢を張るから発言がボケたものになる』、『明らかに泥棒なのにそれを隠すから発言がボケたものになる』など。しかし、今はみんなそれを無視してただ変なことを言う。理由がないとなんでそんな発言をしたのか意味がわからない。だから、結果的にツッコミが『意味わかんねーよ!』、『わけわかんねーよ!』という言葉を乱発するようになってしまった。これはこれですごいのだが、すべてはダウンタウンが作ったもの。だとすればそれではないパターンのネタを作らなければならない!」

こうしてAさんと共に自分がやるべき方向性が次第に見えはじめると、僕の中で1つの想いが募ってくる。それは、「Aさんとコンビが組みたい!」だ。

しかし、Aさんはほかの人間とコンビを組んでいた。

1本のビデオテープ

ちょうどその頃、僕はAさん以上に衝撃の出会いをする。

それは1本のビデオテープだった。

『THAT's笑ライブ』の新人コーナーで優勝した日の帰り、高円寺駅で電車を待っていると、1人の女性に話しかけられた。

「さっきライブに出てましたよね？」

「はい」

「かわいいネタでしたね」

「ありがとうございます！」

面白いネタじゃなくって、かわいいネタ？　優勝した喜びと女性に話しかけられたうれしさで、そんなのはまったく気にならなかった。僕らはしばしば談笑し、後日、改めて会う約束をした。

Sさんというその女性は僕より1つ年上のOLさんだった。20歳の男が改めて年上の女性に会うということは、それはもう当然、そういう関係になる可能性はあるわけで、結論から言うとそういう関係にはなった。こう言うと「モテてていたのか?」という誤解を与えるかもしれないが、決してモテなかったワケではない。時は1990年代初頭、渋谷系全盛期。渋谷系は顔の良し悪しよりセンスが重要で、すなわち、イケメンじゃなくても（この時代はイケメンなんて言葉もなかったような気もするが）、マッシュルームカットでボーダーシャツやベレー帽などのファッションに身を包み、音楽を語ることができればサブカル女子たちにそこそこ需要があった。

Sさんはサブカル女子だった。

僕らはそれからちょくちょく会うようになった。当時、絶望的に金がなかった僕に彼女はご馳走してくれたり、さまざまな舞台のチケットを取っては色々連れて行ってくれた。さらには「自分はこんなに才能がある!」という僕の根拠なきホザきをいつもニコニコと聞いてくれた。本当にありがたかった。

そんなある日、Sさんは僕に1本のビデオを貸してくれた。

「CITYBOYS　LIVE」

ビデオのラベルにはSさんの手書きでそう書かれていた。それは当時WOWOWで放送したシティボーイズライブのビデオで、1992年の『鍵のないトイレ』から1994年の『ゴム脳市場』まで3公演が収録されていた。

正直、当時の自分はシティボーイズというグループを知ってはいたが、どういう芸をする人たちなのかをよくわかっていなかった。「よくわからないおじさんのコントか」と、大した期待もせず、なんとなく再生した。

そのビデオを見終わるまでの衝撃は今でも忘れない。

作り出されたコントの構成と世界観。

シンプルだが美しい演出。

コントとコントをつなぐオシャレな音楽。

さまざまなカルチャーがコントを中心に結びつき、自分の知らないポップカルチャーがそこにはあった。先ほども言ったが当時は渋谷系全盛期だったので、僕は積極的に音楽も聴いていた方だし、タランティーノの『パルプフィクション』、ウォン・カーウァイの『恋する惑星』、そのほか、ミニシアター系の話題作もこの頃はたくさんあり、そういったサブカル的なものにもアンテナを張っていたつもりだったが、インターネットも普及してない当時、群馬の片田舎出身の僕は、世界にこんなものがあるのを知らなかった。

「僕のやりたかったことはこれだ」

神の啓示である。

あっという間にシティボーイズの虜になった僕は、かたっぱしからシティボーイズとそれに関わる人々を調べまくる日々がはじまった。

1人のアーティストのファンになって、その人のことを調べたりすると好きだった別のアーティストと実はこんなつながりがあった！　なんて経験をした方はわかると思うが、わかった瞬間はなんとも言えない快感がある。当時の自分はそれの連続だった。

シティボーイズライブの作・演出をしていた三木聡は、自分の人生のバイブルともいうべき番組〝ごっつ〟の構成作家でもあった。ライブの音楽を担当した小西康陽は、渋谷系音楽のチャンピオン、ピチカートファイブを作ったカリスマミュージシャン。さらに調べていくとシティボーイズは１９８０年代に中村有志、いとうせいこう、竹中直人、そして、作・演出の宮沢章夫と共にラジカル・ガジベリビンバ・システムというユニットで活動していたことを知る。活動したのは１９８５年から１９８９年の4年間。今から30年以上前にお笑いを寄席ではなく原宿のファッションビル「ラフォーレ原宿」で行ったり、日本語ラップ創成期の立役者いとうせいこうがカーテンコールでラップを歌ったり、ライブ中に突然ＤＪショーが入ったり……当時ここに東京のカルチャーに精通していた人たちが集まっていたという。

有名な話だが、スチャダラパーの名前の由来はラジカルの１９８６年の公演『スチャダラ』からとったものだ。ラジカル結成に関わった桑原茂一は、スネークマンショー（ラジオコントユニット）を作った人で、ＹＭＯのアルバム『増殖』（ＹＭＯの曲中にスネークマンショーのコントが入ってくる）が大好きだったので、それを知った時も感動した。

のちにシティボーイズの御三方と桑原茂一さんと仕事をした時に「ラジカル結成時ってどんな感じだったんですか？」と少年のように質問したが、みんな照れてあまり話してくれなかった。ラジカルの舞台映像はどこからも発売されていない。僕もリアルタイムで見たことはないが、１９９６年にラフォーレ原宿で当時の公演をＶＴＲで流す『ラジカルガジベリビンバシステム・レトロスペクティブ』なるイベントが行われた時は、僕はSさんに連れられて見に行くことができた。

ちなみにそのラジカルの映像は当時シティボーイズが所属していた人力舎にあったVHSを貸し出したものらしいが、今、人力舎にそのVHSはないらしい。人力舎のどこかでそのVHSは眠っているのか？　それともその価値を知らない誰かがゴミに出したのか？　誰かがパクったのか？　日本お笑い界の最大のミステリーの1つだと勝手に思っている。


Sさんに借りたシティボーイズライブのビデオは当時お笑い界で何かやりたいと漠然と考えていた自分に明確なビジョンを授けてくれた。

「さまざまなカルチャーが融合するコントライブを作り上げる」

僕は、Sさんにそれを告げると、いつものようニコニコしながら「頑張って」と言ってくれた。おそらく腹の中では「できるわけねーだろ」と思っていただろう。当然だ。

『元気なはぐき』というぬるま湯で芸人ごっこをしている自意識過剰な大学生の戯言でしかないのだから。しばらくして、彼女と会う回数も減っていき、いつしか連絡もとらなくなってしまった。

それから30年近く経ち、運よくお笑いに関わる仕事をできているが、良くも悪くもさまざまなジャンルに手を出せるので将来の方向に迷うこともたくさんある。そういう時は必ず自分は何をするためにこの世界にいるのかを考えるようにしている。そうすると変な焦りや迷いがなくなり、やるべきことに邁進できるのだ。


ちなみに２００２年に偶然、街でSさんにバッタリ再会したことがある。

当時、僕はバナナマン、ラーメンズ、おぎやはぎで行ったユニットライブ『ライヴ!!君の席』を終えたばかりで、イメージする目標にはまだ届かないまでも、やりたい方向へは進み出していたところだった。

「すごいねー。『君の席』見に行ったよ。頑張ってるね」

彼女は僕にそう言ってくれた。

「君のおかげだよ」

僕がそれを口にしようとしたその瞬間、Sさんは僕の言葉を打ち消すようにこう言ったのだ。

「ねえ！　ねえ！　矢作と仲良いの？　私、矢作、大好き！　紹介して！」

相変わらずのサブカル女子のままだった。

念願の細雪結成！

5月に初めてステージに立ってから時は流れ、12月になろうとしていた。

例のフリップ芸で前よりはマシになったが「女子高生に媚びてる」という陰口はいまだに続いていた。

Aさんとコンビを組みたい。

シティボーイズのようなコントライブがしたい。

想いは募るものの、なかなかそうはいかない。そんな中『元気なはぐき』でクリスマス特別イベントが行われることになった。内容は「普段出ている芸人たちでシャッフルして、別の人と組んでネタをやろう」という「売れてる芸人ならまだしも、誰からも注目されていない芸人がシャッフルって、そんなことしている時間があるならテメーのネタ頑張れよ」と言いたくなるようなイベントだったが、僕は高揚していた。

「Aさん、僕とコントをしてください！」

Aさんはその申し出を快く了承してくれた。チャンスとばかりに僕は全力でコントを書いた。

できたコントは「芸人のネタ見せ」。ものすごくシュールな芸人（僕）のネタを見て、審査する側（Aさん）がまったくそのネタを理解できていないのだが、芸人に理解してないと思われたくないため、ものすごくざっくりとしたアドバイスをするという内容。

このコントにはモデルがある。

ちょうどこの頃、〝ごっつ〟のシュールなコントの影響や不条理ギャグ漫画の流行もあって、不条理なネタをする芸人が多かった。特に僕の中で記憶に残っているのが「吉村くん」というピン芸人（平成ノブシコブシの吉村くんとは別人）で、「僕はカエル！　ぴょん！　ぴょん！」と言いながらただただ飛び跳ねるだけのコントを見た時に度肝を抜かれた。これがまたライブシーンではそこそこウケていたのだ。『THAT's 笑ライブ』のネタ見せで吉村くんが「僕はカエル！」をやったのだが、理解に困った松みのるさんが「……もっと声が大きい方がいい」とピンとこないアドバイスをしていたのが面白かったので、その状況を元にしたコントを作ったのだ。

そして、クリスマスイベント当日、いつもは5人の女性客だが、この日はみんな手売りを頑張って50人くらいの客が入っていた。ライブがはじまり、ほかのシャッフルした芸人たちがいつも通りぬるいネタを披露していく中、僕とAさんの出番がやってきた。

大丈夫。面白い。

Aさんと本読みをした時、自分の中で「イケる」と手ごたえを感じた。もう女子高生に媚びてるとは言わせない。

結果、ネタはかなりウケた。

客ウケもそうだが、僕の陰口をたたいていた連中も「アレ面白いね」と言ってくれた。

この日は、Aさんと朝まで飲み明かした。

「僕はずっとAさんとコントがしたかった。これからもずっと僕とAさんとコントがしたい！」

その日、僕はAさんに頼み込んだ。

「いや、俺、コンビ組んでるし……」

Aさんはほかの人とスクラップというコンビを組んでいた。それでも僕の欲望は止まらない。

「Aさんも今日手ごたえ感じたはずです！」

「んーでも……やっぱり……」

「わかりました。コンビがダメなら、トリオでもいいんです！」

こうして年明けの1995年1月、僕らは「スクラップ＋オークラ劇場」というトリオで、『THAT's笑ライブ』の新人コーナーに出演することになった。

その時やったコントが「サラリーマンの会議」。さまざまなグラフやデータを見ながらサラリーマン3人で会議するのだが、それがなんのグラフやデータかまったくわからないまま、一切説明せずに延々と話し合うという挑戦的なものだった。

結果、優勝することができた。前にピンでも優勝した実績を買われ、次回から新人コーナーではなくライブのメインの証である1本ネタで出演できることになった。

その後、3回ほどこのトリオでライブをやるのだが、Aさんの相方Oさんは終始僕を入れることに納得はせず、「トリオではなくあくまでもスクラップとオークラ劇場の臨時ユニット」というスタンスを保っていた。なので僕とOさんとの溝はどんどん深まっていった。


ある日、僕がトイレで大をしていると、AさんとOさんがトイレに入ってきて、Oさんは僕がいるとも知らず、Aさんに僕の悪口を散々言っていた。他人が自分への陰口をたたく場面に遭遇する……こういう時、不思議と冷静になるもので、「今、ここで俺が出ていったら、向こうも気まずいだろうな」という変な気まで遣ってしまった。とりあえずしばらく身を潜めていると、陰口をひとしきり聞いたAさんはOさんに対してこう言った。

「わりー俺、お前と解散してオークラとコンビ組むよ」

頭がクラクラした。冷静な判断ができず、僕はそのまま身を潜めていた。

それからしばらくOさんは解散に納得しなかったが、3月頃、やっと話がまとまった。

その日の帰り、Oさんは僕の前に来て「お前なんか大っ嫌いだ」と言って去っていった。売れない芸人たちがコンビをとっかえひっかえするのはよくあることだが、その時の僕は申し訳ないことしたと落ち込んでしまった。Aさんは「大丈夫、アイツはタフだから1人でもやっていけるよ」と言ってくれた。

今、Oさんは僕より10個上なので、もうすぐ還暦だが、まだ芸人を続け20代の若手たちと一緒にネタをやっているらしい。なんなら最近、占い師の弟子になったとか……本当にタフな人だ。

ともあれ、念願かなって僕はAさんとコンビを組むことになった。コンビ名は細雪(ささめゆき)。谷崎潤一郎の小説のタイトルからその名前を付けた。自意識の高いコンビ名である。

「これでやっとぬるま湯から抜け出せる」

僕には自信があった。

第2章
細雪と天才たち

自分たちのスタイル

先述したが、当時の東京のライブシーンは「真顔で理由のないおかしなことを言うボケ」と、「それに少し強めな語調で返すツッコミ」というスタイルの漫才やコントがほぼすべて。ダウンタウンが作り上げたスタイルをバカルディ（現さまぁ〜ず）が東京スタイルに作り替え、各コンビがマイナーチェンジして個性を生み出してはいたが、基本の骨格は変わらない。

これは時代のカリスマが生み出した方法なので、真似をする若手が増えるのは当然なのだが、このスタイルのネタは文脈やお話の流れに関係なくボケが言えるので、1つのネタの中で大量のボケを消化できる。その上、ボケが芝居をしなくていいぶん、演技力がない人でもやりやすく、ツッコミがある程度上手なら、高校を卒業したての新人でもライブで笑いがとりやすい。このスタイルの若手芸人が爆発的に誕生した要因の1つだと思う。

余談だが、この「真顔で理由のないボケ」はネタやコンビ同士の時はアリなのだが、集団、たとえばバラエティ番組では成立しにくい。バラエティ番組はただの笑わせではない。出演者たちは、番組のテーマに沿って意見や主張をする。そこに考えや人となりがあるから面白いのであって、ただ理由もなくボケられても周囲は困惑してしまう。特に顔もよくわからない若手芸人がそれをやり続けていると、次第に使われなくなり、それが通用するライブシーンから抜け出せなくなり、結局多くの芸人が消えていく。

当時の東京お笑いライブは右も左もそんな芸人ばかりだったので細雪をはじめた時に、僕らはこのスタイルはやらないと決めた。

「音楽ライブの出演するアーティストが全員パンクバンドで、全員が世の中の不平不満を叫んでいるのなら、『僕は満足しています』と歌った方が目立つ」

当然のことだ。

しかし、フォローじゃないけどみんなが同じ方向になったのには理由もある。なんせあの頃は圧倒的な教材不足だったのだ。ネットはもちろんお笑いのネタをパッケージ化したソフトもほとんどなかった。今のように有象無象の若手芸人が出るネタ番組もほぼなかったたし、本当にたま〜〜にやってるネタ番組を見るか、お笑いライブに行って直接ネタを見るかしかお手本がなかった。となればネタのスタイルが全体的に似てくるのも仕方ない話だと思う。

とはいえ、教材が不足していたのは芸人のネタであって、当時、偉大なるコントの教材はタダでお茶の間から流れていた。

言わずもがな『ダウンタウンのごっつええ感じ』である。

〝ごっつ〟は1991年からはじまった伝説の番組だが、1995年頃は、それこそ神がかっていた。「世紀末戦隊ゴレンジャイ」、「Mr.BATER」、「キャシィ塚本」などの名作コントが次々と誕生し、そういったシリーズコントだけでなく、単発でも名作を生み続けた。「1週でも見逃したらヤバイ!」と僕は必ずビデオに録画していた。

この頃の〝ごっつ〟のコントは初期のキャラクターコントとは明らかに変化していた。たとえば「人間国宝のもとへ取材へ行くが、その人間国宝が何を作っている人かわからず、かといってそれにツッコミもせず取材を続ける」とか、「殺人事件の現場に転がる死体が全員しゃくれているが、刑事たちはそれに誰もツッコまず、当然のように現場検証を続けていく」など、コントの世界の中に1つのルール(状況)を作り、そこに住む住人は、その狂った状況を当たり前として話が進んでいく。

このようなコントは、１９８０年代から主流だった人気ドラマや映画をパロディにしつつ、スタッフもイジりまくるメタなテレビコントに見慣れていた僕には、非常にスタイリッシュに感じたのだった。

番組内で何かしらの変化があったから〝ごっつ〟のコントの質が変化したのだと思うが、そのへんのことは先輩である当時のスタッフの方々に聞いてみてもみんなボンヤリとしたことしか答えてくれない。

ちなみに今書いたようなコントは１９６０年代のイギリスの番組『モンティ・パイソン』などで使われていた手法なのだが、当時の僕はそれを知らなかったし〝ごっつ〟の場合、そこに日本人ならではの価値観や人間性、あるあるも取り入れることにより、新しいコントを生み出したのではないかと思っている。

こうした〝ごっつ〟のコントに対して、当時の僕は勝手に「システムコント」と名付けた。

細雪はシステムコントを作り、さまざまなライブに出演するようになった。ダウンタンの漫才やバカルディのコントをマイナーチェンジしたようなネタをする若手芸人たちとは一線を画した。こういうと「俺は昔すごかったんだぞ」自慢をしているおじさんみたいで嫌だし、「何かそれを証明するものはあるのか?」と言われても資料的裏付けや物的証拠もない。申し訳ないが、そうだったということにして話を進める。

繰り返すが、システムコントとは「まず演じるコントの世界に1つのシステム(ルールや状況)を作り、そのシステムを前提としてお話を進めていく。そして、そのルールをお客さんに理解させたところで、展開のさせ方や崩し方でさらに笑いを作る」というものである。そのルール自体が笑える仕組みの場合もある。

今ではシステム漫才なんて言葉がある。オードリーのズレ漫才やハライチのノリボケ漫才やミルクボーイの漫才などがそれに当たるのだが、システム漫才の場合は「1つの仕組み(やりとり)を繰り返していく」ものだが、システムコントの場合はそれを含みつつ幅が広い。仕組みだけではなく、世界観も1つのシステムとして包括する。

このシステムコントを追い求めるのは修羅の道である。

まずシンプルにシステムを1つ生み出すのに苦労する。システム漫才の場合、鉄板のシステムを生み出せば、あとは題材を変えることで複数のネタを生み出すことができるから、システムが漫才師の代名詞になる。しかし、コントの場合、鉄板のシステムを生み出しても、それはコントの設定の1つでしかない。そのシステムでシリーズコントはできたとしても、そう何度も使えない。なんならいいシステムを作れば作るほど、客からは「次はどんなシステムコントを見せてくれるんだ?」と期待され、ハードルも上がる。毎回、よりセンスのあるシステム開発が必要な大喜利ループに入り込む。そもそも芸人のネタを「世の中に知ってもらうため(売れるため)の手段」と考えるならば、1つの武器を磨き上げたほうが絶対にトクなのだ。システムコントは「作家性がある」という評価をされるが、こと芸人として売れるにはコスパが悪すぎるのだ。ではなぜ、こんな茨の道を選ぶのか? それはもう、コントが好きだから、としか言いようがない。

「本当に俺はコントバカだな」

そう思っていた。だけど、世の中にはもっとバカがいた。

システム巧者、バカリズム

1995年の3月に結成した細雪は結成してすぐにいくつかのライブで優勝し、見に来ていたフジテレビの若手ディレクターに「君たち面白いから一緒に飲み行こう」と誘われた。小さい世界での出来事だが、これまで顔見知りの客5人のぬるま湯につかっていた人間からすれば大事件である。

とにかくネタ作りが楽しかった。毎度システムを生み出すのは苦労するが、お笑い自意識は満たされまくっていた。自分が毎回新しいシステムを生み出しているのに対して、周囲の芸人はその方法論に気づいてすらいない。

浮かれまくっていた5月のある日。細雪は新宿Fu-という定員100人くらいのライブハウスで『マセキ芸能社ライブ』というお笑いライブにゲスト出演することになった。これはウッチャンナンチャンが所属するマセキ芸能社が主催するライブで、所属する若手芸人とゲストがネタをやるのだが、その途中でウッチャンナンチャンが卒業した日本映画学校のお笑い志望の生徒たちがネタをするコーナーもあった。

「学生のネタかよ」

ゲスト芸人でもあり、お笑い自意識満たされまくりの自分は完全にバカにしながらそのコーナーを見ていた(僕も大学生だったのだが)。

そこに背のあまり高くない、かわいらしい風貌をしたコンビが登場した。

コンビの名前はバカリズム（当時はコンビ名）。

完全になめ切っていた。が、ネタをはじめて数秒後。

「！」

驚いた。自分以外にもいる！　気づいている人がいる！　いや、気づいてるどころじゃない！　細雪のシステムコントより美しい！

その時やっていたネタが「恥ずかしい行為を競い合う世界大会で優勝した男のインタビュー」というもので、優勝した選手とインタビュアーが大会を振り返っているだけなのだが、具体的な競技内容も見せず、断片的な情報で大会内容を想像して楽しむというコントだった。

自分が作るシステムコントよりスマートで、かつ枠からはみ出さないシンプルな構成、そして余計な笑いもないがポイントポイントで確実に笑わせる、すごく美しいコントだった。ネタを作った升野君は僕より2歳年下で当時19歳。映画学校の同級生とバカリズムというコンビを組んで、まだ2回目か3回目くらいのライブ出演だった。年下に完敗したと感じた瞬間だった。

「なぜ？　これにいつ気づいた？」

「どこまで気づいてる？」

「ネタは何本あるんだ？」

僕はそれが聞きたくて仕方なかった。しかし、自意識の高い人間は人見知りが多い。もちろん僕もそうだ。「向こうから話しかけてこないかな？」と思い、しばらく待っていたが、そんな気配はまったくない。そりゃそうだ。あんなコントを作る人間は絶対、笑いの自意識が高い。ということは人見知りの可能性も高い。じゃあどうすれば知り合いになれる？　自分から話しかけるしかないのである。


僕は、高校に入学してから、夏休みくらいまでほぼ誰ともしゃべれなかった。理由は高校浪人をして、クラスメイトは全員1つ年下だったからだ。入学初日、僕はそのことを隠すかどうか悩んだが、後々バレたら厄介だと思いクラスメイトの前で自己紹介する時、「僕は高校を入るのに浪人したのでみんなより1年先輩です。よろしくお願いします」と言った。その瞬間、教室が凍りついた。それ以降、クラスメイトは僕に接しづらそうにしていた。僕も変なプライドが邪魔して誰ともしゃべれずにいた。このままではまずい、と思った僕は自分から積極的に話しかけた。「1つ上とか気にしなくっていいよ！　呼び捨てでいいよ！　良（僕の名前）って呼んで！」

こうしてクラスのみんなと打ち解けて、僕は友達の輪に入れた。のちにクラスメイト男3人、女2人でカラオケに行って、僕を抜いた4人がカップルになり、翌日「なんで俺をカラオケに誘ったんだよ！」と聞いたら「お前がいると盛り上がるから」と言われるくらい仲良くなれたのだ。

そんな過去の経験から、興味を持った人にはなるべく自分から話しかけなきゃダメだと学んだ僕は、バカリズムに話しかけた。この時、自分がどう話しかけたか覚えてないが、のちにバカリズムから、ものすごい目をギラギラさせた男が「あのネタってこういうことなんでしょう？　俺わかってるからね」、「同世代にロクな芸人はいない。みんな亜流のネタばっかりだ！」、「俺達は同志だ！」みたいな感じでアピールしてきた……と、回顧された。なのでバカリズムに「実は俺は人見知りだ」と言ってもいまだに信じてもらえない。

それ以降、バカリズムとはライブで会うたびにネタの話をするようになった。最初は

「この男に舐められるわけにはいかない」との思いから自分の知っているネタの研究成果を語りまくった。「あのネタは〇〇ネタのパターンで」とか「シティボーイズライブは〜〜で」とか。

当時の僕は、バカリズムを自分と同じく「芸人の笑いはもちろん演劇や映画や本など他ジャンルの笑いを紐解き、自分なりに体系化している男」だと思っていた。僕と同じくシステムコントの方法論に気づいている唯一の男であり、ライバルだと感じていた。だから、サブカル男が情報量で相手にマウントをとる感じで、理論と知識で負けたくなかったのかもしれない。しかし、仲良くなっていくと次第に、自分とは違うタイプだということがわかってきた。バカリズムは知識や情報量ではなく感覚的にネタを体系化していた。つまりピュアな天才であって、こっちがマウントをとるために言ったさまざまな知識に対して「こいつ俺より知ってる！」ではなく純粋に知識として受け取ってくれていたのだ。

結果的にバカリズムは2つ下の後輩として、先輩の僕をリスペクトしてくれるようになった。まあ知ってる人は知ってるかもしれないが、バカリズムは福岡の少し不良の多い地区の出身で、かなりの縦社会で幼少期を過ごしてきたから、リスペクトというより、先輩に対して礼儀がしっかりしているだけなのかもしれないが……。

バナナマンの衝撃

ライバルは互いを高め合う。

バカリズムがこっちをどう思ったかはさておき、僕は勝手にバカリズムをライバルに認定した。もっと面白いコントを作りたい！　僕は１人燃え上がった。

「バカリズムがシステムコントを極めていくのなら、こっちはシチュエーションコントだ！」

シチュエーションコントというと、テレビなどで見る舞台や登場人物が固定されたシットコムを連想するかもしれないが、正確な定義はさておき、僕の中では「とある状況（シチュエーション）の中で笑える人間模様（ドラマ）を描くコント」と定義づけている。明確なボケツッコミで笑わせるコントや仕組みの面白さで笑わせるシステムコントでもない、さりげない日常会話なのだが、置かれている状況、考え方のズレ、機微などで笑わせていく演劇的コントだ。実際はそんな単純ではなく、色々な要素が交じり合っているのだが当時、シティボーイズやビシバシステムやイッセー尾形といった演劇畑に近い芸人たちがそういったコントをやっていた。

僕は細雪でシステムコントだけではなく、シチュエーションコントも作りはじめた。しかし、この計画はすぐに頓挫する。僕には自分の理想のシチュエーションコントを演じられる能力がなかった。

芸人とはネタを作るだけではない。ネタを作りそれを演じていかなければならない。クリエイティブな能力に加え、パフォーマンス能力も必要なのだ。自分の場合、このパフォーマンス能力が決定的に欠けていた。とにかく芝居が下手だった。なのでシチュエーションコントに必要な「微妙な機微」を演じることができなかった。

「内心ムカついているのに、それを堪えながら笑う芝居」とか、「絶対に笑っていけない場所で、笑いを堪えながら神妙な顔をする芝居」とか、「好きだった異性が自分に気のないことを知ってショックを受けるも取り繕う芝居」とか、「年下がたまにタメ口をきいてくるのだが、小さいヤツと思われたくないので、平静を装うも、たまにムカつきが表に出てしまう芝居」とか、とにかくできなかった。

こうして演出家の僕は演者の僕に見切りをつけた。

結局、細雪のネタは芝居要素の少ないシステムコントが増えていき、芝居をする場合も単純な喜怒哀楽だけしかやらなくなっていった。

「お疲れ様！」

1995年の6月頃、とあるお笑いライブの帰りに出待ちしている女の子が僕に話しかけてきた。その子はファンというより、いろんなライブに顔を出すお笑いオタク的な存在で、芸人に対してもつまらない時は「つまらない」とハッキリ言うから、その意見を結構参考にしていた。この日のライブで細雪はウケていたので「面白かった～」とさぞ褒められるだろうなと期待していたのだが、彼女は予想だにしない言葉を口にした。

「天才がいた」

一瞬、意味がわからなかった。少し冷静になって「あっ、俺のこと？」と思った。

「ねえバナナマンって知ってる？」

またしても意味がわからなくなった。再び冷静になって、天才→俺じゃない→バナナマンということが理解できた。僕が初めてバナナマンを知った瞬間だった。

「今、ラママでめちゃくちゃウケてるの！」

ラママといえば日本最高峰の若手ライブ。そこでウケているというのは東京のライブシーンでウケているとイコールになる。

「フローレンスの再来かと思った！」

フローレンスとは、ネプチューンになる前の原田泰造と堀内健のコンビで、僕は直接見たことはないのだが伝説的に面白かったという噂を聞いていた。僕は個人的には当時の東京のライブシーンでネプチューンのコントが一番好きだった。「ネプチューンよりフローレンスの方が面白い」という人もいたので「ソロ時代よりバンド時代が良かった」的な私、昔知ってますスタンス人間の発言だとしても、相当面白かったのだろうと想像できる。

「一体、どんなネタをする人たちなんだろう？」

バナナマンのことを教えてもらってから、ずっとモヤモヤした。今なら評判の芸人のネタはYouTubeで見られるが、当時はそんなものはなく、テレビのネタ番組も数少ないので、ライブに足を運ぶ以外、簡単に若手芸人のネタを見れる時代ではなかった。しかし、そのモヤモヤはすぐに解消される。

当時フジテレビの深夜番組で『MarsTV』という芸人のコントとＡＶ女優のストリッ

プを交互に見せていくという、恐ろしくオシャレな番組でバナナマンがネタを披露したのだ。それは「パピヨン病」というコントで、病院にいった設楽が医者の日村から「パピヨン病」という謎の病気だと診断され、隔離され、最後は宇宙に打ち上げられる……という展開なのだが、YouTubeにその映像がアップされてるので（本当はいけないのだが）見てほしい。

僕はそれを知り合いから貸りたビデオで見た。

「シチュエーションコントだ！」

病院というコントではありがちなシチュエーションだが、話の展開はありがちではない。医者である日村がパピヨン病の患者である設楽に優しい言葉をかけながら、しかし、残酷に隔離していく。そんな扱いをうける患者・設楽は悲しい表情を見せながらもそれを受け入れていく。ネタの構成力はもちろん、何よりずば抜けていたのは演技力だった。3分ちょっとの短い時間で話がドラマチックに展開し、人間の機微を見せていく。当時の若手の中では唯一無二のコントだった。

バナナマンのコントが終わると、僕はテレビを消して、しばらくぼーっと天井を見上げた。

自分が諦めていた理想のコントがそこにはあった。

「バナナマンってどんなネタをやるんだろう？」というモヤモヤはなくなったが、「自分とほぼ同じ歳でこれを表現できる人間がいるのかぁ」という新しいモヤモヤが生まれた。そうこうしているうちに、バナナマンの名前はあっという間に東京ライブシーンに広まっていった。僕は一方的にバナナマンを意識し、バカリズム以上にライバル視するようになっていった。

そんなある日、お笑い好きの女の子と飲む機会があったのだが、ちょっとタイプの子だったので、仲良くなろうと話していると、彼女は「長井秀和は天才」というトークをはじめた。当時の長井秀和さんと言えばシュールでブラックなネタをする孤高のピン芸人として、ライブシーンではカルト的人気を博していた。僕も長井さんのことは好きだったので黙って話を聞いていたのだが、彼女が「長井秀和はバナナマンより天才」言った瞬間に火がついてしまい、仲良くなろういう目的を忘れ「どっちが天才か？」を朝までほぼケンカのように語り合ったこともあった。気づくとライバルを越え、もうただのバナナマンのファンみたいになっていた。

日村さんコレ読んでもらえますか

8月、僕はその日出演する『THAT's笑ライブ』の場当たり（リハーサル的なこと）をするため、会場の客席に座っていると、1人の男が壁にもたれかかり、ポケットに手を入れ、片方の足の裏を壁につけ、ステージを睨みつけていた。

「なんだ？　このどこぞの漫画に出てくる敵役のイケメンみたいなポージングをしている男は？」

誰なのか気になり、その男の顔を確認した。ん？　随分、個性的な顔だな？　個性的というより変な顔だ。っていうか見たことある。アレ？　この人、バナナマンの日村じゃん。

初めて見た生バナナマンだった。

胸がドキドキした。聞きたいことはたくさんある。

「なんであんな芝居うまいんですか？」

「ネタはどっちが書いてるんですか？」

「誰のネタに影響受けているんですか？」

聞きたい。でも、聞けない。知り合いになりたかったら、こちらから話しかけるしかない。高校浪人の経験から得た生きるためのテクニック。しかし、この場合は違う。好きになった人には気軽に話しかけられないのと同じ。尊敬してしまうとなかなかその一歩が踏み出せない。そんな感じでまごまごしていると、ラッキーなことに僕と一緒にライブに出演していた知り合いの芸人ドロンズの石本君が日村さんを紹介してくれた。そもそも日村さんはその日ドロンズのネタを見に来ていた。

「細雪のオークラ劇場と言います」

日村さんに自己紹介をした。僕は細雪を組んだ後もオークラ劇場というピン芸人時の芸名を名乗っていた。芸人の知り合いからは「オークラ」と呼ばれていたので、いまさら本名に戻すのは面倒だったからだ。大概の人は「細雪のオークラ劇場です」と自己紹介すると「何それ？」と興味を持ってくれるのだが、日村さんは、

「へぇ」

と興味なさそうに答えた。

「こっちはこんなに意識してるのに、そっちは興味ないか……」

日村さんのそっけない態度に僕はかなり落胆した。

「一緒に酒飲もうよ」

それから数日後、僕は日村さん、石本君に誘われた。「俺には興味ない」と思ってた人に誘われるとものすごくテンションが上がる。とはいえ、またそっけない態度をとられたらどうしよう……という緊張感もあった。

昔、設楽さんが日村さんを「ニノセントワールドの住人」（ミスチルのイノセントワールドから、心がイケメン＝二枚目の人のこと）と言っていたことがあったのだが、確かに日村さんはあまり知り合いではない人に対してはクールなイケメンのように接するところがある。しかし、仲良くなると逆にグイグイ来てくれる。人と飲みに行くのが好きで、トイレに行く時は必ず後輩を連れていき、仲良くなった後輩芸人とすぐに同棲をしちゃう……そんな愛らしい人だ。

一緒に酒を飲み、距離感が縮まり出すと、日村さんは次第にニノセントワールドからこちらの世界へやってきてくれた。僕を芸人の後輩として認定してくれたのか、明るく饒舌になり、急に「今から君の家へ行こうよ！」と言って、僕の家に来て、部屋にあったギターを見つけて、それを弾きながら歌い出した。あのそっけない態度はなんだったんだ？　本当に愛らしい人だ。

そんな日村さんの情緒の変化はともかく、僕は日村さんが家に来たことをチャンスと思っていた。どうしてもお願いしたいことがあったのだ。「これ読んでもらえますか？」思春期の女子が憧れの先輩にラブレターを渡すかのごとく、僕は日村さんに台本を渡した。その台本とは「書いてみたものの自分にはうまく演じきれなかったシチュエーションコントの台本」だった。

実は少し前からある疑念が生まれていた。それは「僕の演技が下手だからこのコントがつまらなくなる」ではなく「そもそもこの台本がつまらない」のでは？　である。その場合は最悪である。芝居も下手な上に台本もダメなのだ。自分が芝居が下手なのはわかっている。でも台本は面白くあってほしい。それを確かめるには芝居のうまい人に台本を読んでもらうしかない。そして、今、目の前に芝居のうまい人がいる！

「日村さんがこれを演じたら面白くなるのか？」

僕はそれを確かめてみずにはいられなかった。せっかく楽しく酒を飲み、語り、歌まで歌った後に後輩からコントの台本を渡され、読まされる。鬱陶しいお願いだ。しかし、日村さんはそれを嫌がらずに読んでくれた。

「面白い！」

日村さんの口から発せられる言葉は、紙に書いたセリフを読んでいるとは思えないほど、１つ１つに感情がのっていて、登場人物の微妙な機微が伝わってきた。

良かった。台本は面白い。悪かったのは自分の演技力だけだった。と安心したのだが、

「だったら僕が表舞台に立つ意味があるのだろうか？」という言葉が一瞬頭をかすめた。

僕がそんなことを考えていると、

「今度、単独やるから見に来てよ」

台本を読み終えた日村さんからそう言われた。

単独？　と言われても一瞬、なんのことかあまりピンとこなかった。

「単独ライブだよ。バナナマンだけでコントするライブ」

バナナマンだけでコント！　当時、僕ら若手芸人にとってライブとは、色々な芸人が集まって１本ずつネタをやっていくもので、最初から最後まで１組の芸人がコントする

のは、憧れのシティボーイズのようなすごい人間たちの話だと思っていた。確かに「いつかはシティボーイズみたいなライブをやる！」という目的を掲げたが、それは何年後か先のことであって、それを僕とほとんど同じ歳のバナナマンがするだなんて……。イマイチ現実とは思えず、しばらく頭がボーっとしていた。

それから2ヶ月後の11月20日、下北沢のOFF・OFFシアターという劇場でバナナマン初単独ライブ『処女』は行われた。シティボーイズライブをやるような劇場と違い、キャパ80人の小さい劇場だが、１００人以上の客でギュウギュウ詰めだった。客の目は、あの時のラママ新人コント大会の時よりキラキラと輝いていた。「天才バナナマンが一体何を見せてくれるんだろう？」そんな期待が会場に満ち溢れていた。その一方で僕はこう思っていた。

「面白くありませんように！」

バナナマンのファンになりつつもあったが、同じ芸人同士ライバルでもある。あまり面白いことをやられたらこっちもショックを受けてしまう。周りを見回すと、知ってる顔の芸人が何人もいた。みんな僕と同じ表情をしていた。

しばらくして、客入れBGMがフェードアウトし、M0（エムゼロ。芝居が始まる直前に流れる曲）が爆音で流れはじめる。みな雑談をやめ、目の前の舞台に目を向ける。バナナマン初単独ライブが幕を開けた。

「……すごいものを見てしまった」

いまだにあの時の衝撃は忘れられない。

約10本のコントはどれもバナナマン独自のフォーマットですべて面白く、なかでも「オサムクラブ」というコントは、設楽の住む1人暮らしの部屋へやってきた日村に設楽が「オサムクラブ」という設楽を敬う宗教団体チックなものに勧誘するが、日村はその勧誘に乗りつつ、設楽の家にかかってくる電話に勝手に出てしまう。日村の家は実家なのでなかなか家の電話に最初に出ることがなく、電話に出るのが夢だったと訴える……という内容で、これだけ聞くとなんだがよくわからないと思うが、とにかく衝撃的に面白かった。

普通のコントは1つの軸で展開していくのだが、このコントは2つの軸で笑いが展開していった。１つは設楽が日村を「オサムクラブ」というワケのわからない団体へ勧誘するシチュエーションコントで、いうなれば設楽がボケのコントである。もう１つの軸は日村は電話がかかってくると、設楽の家の電話なのに勝手に出てしまうというシステムコントに近いものだった。これは日村がボケである。１つのコントの中で２つのコントが混じりあいながら、矛盾なく１つの物語を作り上げていったのだ。

「このネタはどういう発想で生み出されたんだ？」

それがまったくわからなかった。

のちに設楽さんと知り合い、このネタをどう作ったのかと尋ねたら「２つのコント設定があって１つだと物足りないから両方を足した」と教えてくれた。「ビートルズじゃん」と思った。ビートルズの楽曲にはまったく違う楽曲を足し合わせて１つの楽曲になるものがあり、それが名曲だったりする。設楽さんの話を聞いた時にまずそう思った。設楽さんにその話をすると「はぁ？」と言われた。ピンとは来ていなかったが、その時はバナナマンはビートルズと同じくらいすごいと思った。

それはともかく、バナナマンのすごさは細かい理屈や理論でネタを作らず、シンプルに「自分が面白いと思ったこと」をコントにできるのだ。自分が面白いと思うことをネタにするって当たり前じゃないか？　と思うかもしれないが、これがなかなか難しい。大抵の芸人も最初は自分が面白いと思ったことをコントにしようとするが、なかなかウケない。構成力も表現力もないからだ。客にウケない以上、それをやる続けるわけにはいかない。次第に自分が面白いと思うことより客にウケるためのコントに変化していく。初めから圧倒的な構成力、表現力を持っていたバナナマンは最初っから自分が面白いと思うことで客にウケるネタを作り出せた。バナナマンは最初からバナナマンだったのだ。

「……はぁー」

ライブが終わり、会場を出た僕は深いため息をついた。周囲にいた芸人たちも同じようにため息をついていた。

1996年、尖りに尖っていた

バナナマン単独ライブの衝撃から約１ヶ月。１９９６年を迎えた。

「理想とするシチュエーションコントはどうやったらできるのだろうか?」と悩みながらも、僕は芝居に重点を置かず、言葉遊びを多用したシステムコントを作り続けた。

少しアングラ色が強いとは言われたが、ライブ界隈でそれなりに評価され、色々なライブからお呼びがかかるようになり、月に10本以上はライブに出るようになっていた。1996年は細雪の全盛期だった。『ぴあ』が選んだ、10組の芸人が大きな会場でネタをするぴあ主催のライブに、ネプチューンや海砂利水魚といった東京ライブシーンの一軍たちと並んで細雪が選ばれたこともある。その時は細雪の写真が載った『ぴあ』を3冊買った。ライブ後、おそらく本人は覚えてないと思うが、ホリケンさんに「細雪、超面白いね!」と言ってもらい、俺もついにここまで来たかとその夜、Aさんと乾杯をしたのはいい思い出だ。

また、身近な芸人にネタの書ける人と思われ、なぜか「俺たちのコントも書いてよ」と頼まれ、ほかの芸人のネタも書くようになっていた。頼む方も頼む方だが、受ける方も受ける方だ。そんなことをしている暇があったら、自分たちのネタを作るか、その精度を高める努力をすればいいのにそれは「俺、自分だけじゃなくて他の芸人のネタも書いてます」というただのエゴでしかなかった。今思い返すとこの年の自分が一番尖っていた気がする。完全なる若気の至りなのだが、やはりこの1996年という年がそうさせていたのかもしれない。

この年は安室奈美恵のファッションを真似たアムラーやルーズソックスを履いたコギャルたちが街に溢れ、チョベリバチョベリグとわめいていた年。22歳になった僕は日本各地で笑いの風がビュンビュンに吹いていることを感じていた。

僕が最高傑作だと思うコントライブ、シティボーイズの『丈夫な足場』が行われたり、ラジカル・ガジベリビンバ・システムの『ラジカルガジベリビンバシステム・レトロスペクティブ』があったり、青山演劇フェスティバルでは「演劇を笑え」をテーマに、三谷幸喜『笑いの大学』、ナイロン100℃『ビフテキと暴走』、宮沢章夫プロデュース『スチャダラ2010』の3作品が上演された。テレビでは、若手芸人に特化してリニューアルした『タモリの超ボキャブラ天国』が10月にスタートし、のちに「ボキャブラブーム」と呼ばれるムーブメントがはじまった。さらに同月、土曜夜8時のゴールデンで20年以上続くこととなった『めちゃ×2イケてるッ!』もスタート。当のダウンタウンは〝ごっつ〟を日曜夜8時という時間帯ではありえない実験的なコントを量産し、ピークに達していた。この笑いの風を全身に浴びた僕の自意識は完全にオーバーヒートしていた。

この頃、僕と知り合った人間、特に女性陣は安い飲み屋で聞きたくもないであろうこれら「お笑いカルチャー論」を散々聞かされたと思う。さらに「俺は人生をかけて、こういうものを作っていくんだ！」という女性を口説く時にやったら一番ダサい行為の1つ「夢を語る」の常習犯でもあった。

当時のことを思い出すと顔が真っ赤になるくらい粋がっていた言動が多く、こんなことを書いても仕方ないのだが、自戒も込めていくつか紹介する。

1「人の言うことで絶対に笑わない」

これは先程から何度も書いたが、お笑い自意識過剰の人間なら誰しも通る道で、僕はもちろん、当時の若手芸人（今も？）はほぼみんなそうだった。たとえ面白くても、なんならこらえてでも笑わなかった。

2「おいしくイジっているつもりで過度な毒を言う」

これもお笑い自意識過剰な人間がやりがちなことである。これで何度か女子に酷いと言われて泣かれたこともあった。地元のヤンキーの先輩をバカイジりして、ブチ切れられて謝りに行ったこともあった。

3「しゃべっている相手に、あ、それ興味ないんでとスカす」

これはその空間を支配している者だけに許された王者のすかし技なのに、勘違いして乱発していた時期があった。その中で今でも覚えている最悪のすかしは、姉が婚約者を家に連れて来た時「これからよろしくお願いします」と頭を下げ丁寧に自己紹介する義兄（のちになる）に対して言った「あ、興味ないんで」だ。義兄はその時ハハと笑ってくれたけど内心は「ガキがテメー何調子こいたこと言ってんだよ」と思っていたはずだ。僕自身、あの時の調子こいた自分が大嫌いだ。

穴があったら入りたい。入る穴が足りないくらい自意識モンスターだった。しかしそういうお笑い自意識は時として自分を苦しめる時がある。

あるＣＭのオーディションに受かり、撮影に行った時、同じく合格したＭちゃんという女の子のことをその日のうちに好きになり、撮影が終わった後に美術や技術含めて打ち上げで焼肉屋に行くことになった。「へぇー芸人さんなんだ」とMちゃんは僕に興味を持ってくれ、会話は弾んだ。そんな時である。そこにいた完全体育会系の技術チームのリーダー格の人から「芸人ならなんか面白いことやってよ」と煽られたのだ。何度も言うが、僕はお笑い自意識の塊、尖りまくっている。しかし、こういうイケイケの体育会系の人を前にすると極端に弱くなる。ただ学生時代はクラスの二軍にいたため、こういう人の対処もある程度は知っている。「下手に出て自分を落とす自虐ネタ」が有効なのだが、Mちゃんが見ている前でそれはやりたくない。となるとモノマネや一芸など誰もが笑う高度なパフォーマンス能力が必要となってくる。もちろん、そんな能力も持っていない。そうなると待っているのは地獄である。僕はただニヤニヤするしかできなかった。そのうちリーダー格の人に「お前、芸人のくせに全然面白くねえな！」と言われ「だったらコイツのほうがおもしれーよ！　おい！　見せてみろよ！」と、そのリーダーの子分がズボンを脱いでチン毛をライターで燃やした。技術チームが大爆笑している中、僕は涙をこぼさないよう上を向いていた。

後日、打ち上げで醜態をさらしたにも関わらず、そのMちゃんは自分で主催したイベントに僕を誘ってくれた（Mちゃんはガールズバンドのボーカルをやっていた）。そこに集まった写真家の卵や女優の卵、ジャンルの違う同世代の子たちを次々と紹介してくれた後、その流れでシレっと彼氏を紹介された。金髪でピアスをしたその彼は僕を見てこう言った。「芸人なんでしょう。なんか面白いことしてよ」……そこから先、どうなったかご想像にお任せします。

お笑い自意識が高ければ高い人ほど、こういう時は辛い。ただ「こいつら全員に負けたくない！」という活力ももらえる。

人力舎からスカウト

1996年も暮れに近づいてくる頃、僕は所属事務所に対して、不満を感じていた。当時の僕はほぼ機能していない弱小の事務所に契約書も交わさず所属していた。そこは、あの『元気なはぐき』を取り仕切っていた人が作ったぬるま湯経営な事務所だった。僕らは所属とは名ばかりのフリーの芸人みたいなもので、ネタ番組からオーディションなどの連絡は一切来ず、出演するライブの楽屋でほかの事務所の芸人が「この前、○○（ネタ番組）オーディションに行ったんだけどさあー」みたいな話を聞くたびに不安になった。

またある日、たまたまライブを見に来ていたテレビプロデューサーの口利きで『大笑福亭鶴びん』という番組に出演することになった。笑福亭鶴瓶師匠が若手芸人と次々と2ショットトークするシンプルな企画で、僕はその中の1人。（コンビではなく1人で）これまでテレビで2回ネタをやったことはあったが、テレビでトークなんて初めて、しかも相手は超大御所、僕は相当緊張してどうにかなりそうになっていた。収録当日、現場に行くと僕1人しかいない。事務所の社長に電話して「今日、来ないんですか？」（その事務所にはマネージャーなどおらず、社長1人しかいなかった）と尋ねると「テレビ局なんて行ったことない！　緊張するから行きたくない！」とキレられた。そのくせCMに出演した時は半分以上のギャラを持っていき「芸能界とはそういう場所だ」と言われた。

「このままここにいて大丈夫なのかな？」

よくAさんとそんな話をしたが、じゃあどうすればいいという具体的なアイデアも出ずに時間だけが過ぎていった。

そんなある日、当時ライブでちょくちょく共演し比較的仲が良かった芸人のマネージャーから思わぬ話を持ちかけられる。

「いやー俺、細雪のこと好きなんだよね。もしよかったらウチの事務所に来ない？」

仲の良かった芸人とはアンタッチャブルの山崎弘也。ザキヤマである。アンタッチャブルの所属事務所はプロダクション人力舎。つまり人力舎からスカウトされたのだ。

人力舎といえば、憧れのシティボーイズが所属していた事務所だ。

僕に断る理由など何もなかった。

お笑いスナイパー山崎君

僕はザキヤマが好きだ。

勝手に弟みたいな存在だと思っている（向こうは何も思ってないと思うが……）。僕が芸人として初めて舞台に立ったのが１９９４年の５月でザキヤマが人力舎のお笑い養成所に入ったのは４月。歳は２個下なのだがほぼ同期。１９９５年の夏ごろから、出るライブ出るライブで偶然一緒になり、なんとなく話すようになっていった。
「自分こそが一番面白いセンスありまくり人間」だと信じて疑わなかった僕は、ライブのエンディングなどのトークでは普段はあまりしゃべらず、ポイントでズバっと面白いことを言う……そんなお笑いスナイパースタイルに憧れていた。（松本さんに憧れるとこうなってしまうのだが）ザキヤマも同じだった。今のすべてをなぎ倒す「お笑い重戦車」ザキヤマとはまるで違う……それが当時のアンタッチャブル山崎君だった（当時、僕はザキヤマを山崎君と呼んでいた）。ライブ後にメシを食いに行っては、ほかの芸人のネタに対して「アイツは面白い」、「アイツはつまらない」などのお笑い談義に花を咲かせる。クールじゃないのにクールぶった偽スナイパー同士話が合ったのかもしれない。

話は逸れるが、山崎君はライブ終わりに何度かウチに泊まりに来たことがあったのだが、その時に必ずといっていいほど、トマトパスタをご馳走した。当時は本当にお金がなくほぼ主食がパスタだったので、トマトパスタに異常な自信を持っており、来る人来る人に必ず振る舞っていた。ライブ終わりにアルファアルファの豊本（現東京03）がウチに泊まりに来た時は、翌日、僕は朝から用があり、寝ていた豊本を起こさず出かけたのだが、お昼にどうしても豊本にトマトパスタを食べさせたく、用を早めに切り上げて、材料を買って急いで家に戻ると、豊本が1人ズボンを脱いでウチにあったエロビデオを見ようとしていた。気まずくなってトマトパスタどころではなくなってしまった。トマトパスタにまつわる思い出である。

のちに設楽さんにも何度となく作ることになるのだが、さらに何十年経ち、設楽さんが娘さんにこのトマトパスタを作ってあげたという話を源君（星野源さん）が知り、インスピレーションを受け「そしたら」という曲を完成させて、設楽さんへ誕生日プレゼントとして贈った。という後日談がある。

話を山崎君に戻す。1996年のTBSラジオが主催する『赤坂お笑い道場』というライブでアンタッチャブルと共演した僕は、いつも通り楽屋で山崎君と楽しくお笑い談義をしていた。すると、

「おーい。やんま、お前、なにしてるの？」

楽屋の入り口の方から声が聞こえた。当時、ザキヤマは先輩方から〝やんま〟と呼ばれていた。見ると、そこにはX-GUNの嵯峨根さんが立っていた。この当時のX-GUNと

言えばボキャブラブームに突入する直前、テレビにもちょいちょい出演する東京若手芸人界の中心人物の1人であった。テレビなんてほとんど出たことのない僕からしたら、嵯峨根さんは芸能人であり、すごく遠い存在だった。

「山崎君はあのX-GUNの嵯峨根さんと仲が良いの？」と少しうらやましく感じた。が、その直後、そのうらやましさをすぐに上回る人物が嵯峨根さんの後ろから現れた……海砂利水魚の有田さんである。

当時から海砂利水魚は東京ライブシーンで絶大なカリスマ性があり、自意識過剰な芸人たちからも一目置かれていた。海砂利水魚とは何度かライブで共演したことがあったが（向こうは若手である僕なんて認識もしてなかったと思うが）、会うたびに身にまとうオーラが強大になり、正直、恐怖にも近い圧倒的な存在で近寄ることもできなかった。

なぜ、山崎君はこの2人と知り合いなんだ？　うらやましかった。

人力舎は当時、お笑い養成所ＪＣＡを設立したばかり（アンタッチャブルは3期生）で、その生徒たちの育成が目的で新宿の小さな劇場で『バカ爆走』というライブを行っていた。しかし、どこの馬の骨かわからない養成所出身の若手お笑い芸人のライブなど、相当な青田買いのお笑いマニアでない限り、誰も見たいとは思わないので、当時のライブシーンで有名な芸人をゲストとして呼び、集客をしていた。そこによく出演していたのが海砂利水魚だった。

なので、人力舎所属の若手の中で一番上の先輩はアンジャッシュなのだが、その上に海砂利水魚がいて人力舎芸人の長男的存在になっていた。山崎君はそんな長兄の有田さんに特に可愛がられていて、有田さんと仲が良い嵯峨根さんともつるむようになっていたのだ。

なんにせよ、当時スーパー弱小事務所で先輩とあまり絡むことなく活動していた僕にとって、有田さんと嵯峨根さんという人気者と仲が良い山崎君をうらやましいなーと思った。しかし山崎君を見ると、その顔は曇っていた。

なんだこの違和感?

その違和感に対する答えは、嵯峨根さんの言葉でハッキリした。

「お前、自分の友達の前だと随分元気だな?」

部活の1年生が、先輩がいないと思って教室でハシャいでいるところを3年生に見られた時の「しまった！　見られた！」の顔だった。その直後、嵯峨根さんと有田さんは2人でコソコソと話し合ってこちらへ近づいてきた。そして、山崎君、いや、やんまでなく僕の方に向かってこう言った。

「君、やんまの友達？　よかったらみんなでメシ食わない？」

僕は舞い上がった。

カリスマとご飯が食べられる！　これはもしかて仲良くなれるかも。

「行きます！」

先ほどの山崎君の曇った表情のことなど、すっかり忘れていた。


当時、千歳烏山には有田さん、嵯峨根さん、山崎君、そのほかアンジャッシュの渡部さんも住んでいて「千歳烏山会」と呼ばれる軍団を形成していた（自分たちがそう言っていたのではなく、周囲からそう呼ばれていた）。なので千歳烏山のジョナサンでそのメシ会が行われることになった。

人気芸人と仲良し芸人との楽しいメシ会のはじまり。そう想像していた僕の期待は、会がはじまるやいなや、もろくも打ち砕かれた。今でもハッキリ覚えている。最初に注文した紅茶がテーブルに置かれた瞬間、嵯峨根さんがその紅茶を指さし「やんま、コレ！」と言ったのだ。

「やんま、コレ？」

ん、どういうこと？　カリスマたちに囲まれ、一瞬、状況が理解できなかったが、すぐに冷静になって、状況を理解した。

「これで面白いことやれ！」の合図だ！

一瞬にして体が硬直した。

山崎君はそれに対して、何かしようとするが、うまくやることができず苦笑い。しかし、そんなことでは許してはもらえない。それに対してさらに厳しいフリが飛んでくる。先ほどまで仲良くお笑い談義を交わしていた友達の前でイジられまくる。これは自意識の高いクールなスナイパー芸人にとって地獄でしかない。しかし、人の心配をしている場合ではなかった。

これってこの後、俺もやらなきゃいけないの？

こうして、千歳烏山、恐怖のムチャブリ地獄が幕を開けた。

地獄は予想通り僕にもやってきた。山崎君に負けず劣らずクールなスナイパー芸人志望である僕はまったく打ち返すことができず終始苦笑い……。体育会系のスタッフやイケイケのバンドマンに「芸人なんでしょう？　なんか面白いことやって」と言われて何もできないのも情けないが、これはワケが違う。相手はノリにノっている先輩芸人だ。ここで「つまらない」と思われたらすべてが終わってしまう。なんとかしないと……と思えば思うほど、何もできない。結果、このループから逃れることができぬまま、最終的に僕も山崎君も涙ぐんでいた。こうして千歳烏山、恐怖のムチャブリ地獄は終わった。

思い返せば、このフリ地獄は後輩芸人を鍛えるための先輩からのお笑い教育だとわかるのだが、当時はそんなことを思う余裕もなく、家に帰った後「芸人として活躍するためには、これを乗り越えなければならないのか？　だとしたら、俺には無理かもしれない」と落ち込みまくった。それ以降、しばらく山崎君と会うことはなかった。

山崎君がザキヤマになった日

1997年2月、そんな山崎君との縁があって、アンタッチャブルのマネージャーからお声がかかり僕ら細雪は人力舎に所属した。するとすぐ、事務所主催のライブ『バカ爆走』に出演することになった。

また、地獄の千歳烏山会以来、約半年ぶりに山崎君と『バカ爆走』で再会した。偶然にもその日のゲストはX-GUN。

ライブ終わり、僕を見つけた嵯峨根さんに「久しぶりやなー。メシでも食おうや」と誘っていただき、今回は山崎君と嵯峨根さん、僕の3人でメシに行こうという流れになった。3人で新宿歌舞伎町のドンキホーテの前を通りかかった時、店内BGMの「ドンドンドン、ドンキー♪　ドンキーホーテ♪」という曲が流れてきた。嵯峨根さんはその曲を聴いた瞬間に山崎君を見つめ、BGMが流れる方を指さし、こう言った。

「やんま、コレ」

千歳烏山の恐怖が蘇った。これは「この曲で面白いことをやって！」の合図である。いやいや、この曲で面白いことやってってどうすればいいの？　っていうか、ここは新宿歌舞伎町、人も多い。山崎君の後は僕の番に決まってる。こんなところでムチャブリ地獄がはじまるのか……無理だ。僕の思考は「何をしたら笑いがとれるか？」ではなく「どうすればここから逃げ出せるのだろうか？」で埋め尽くされた。

またしてもあの地獄がくりかえされるのか？　と山崎君を見ると、山崎君は、嵯峨根さんが「やんま、コレ」と言ったと同時にＢＧＭに合わせて踊り出したのだ。怯えていたあの夜とはまるで違い、顔の表情はいつもと何も変わらない。変わらないというかなんなら無表情。歌舞伎町のど真ん中で小太りの若者が無表情でコミカルなダンスをする。面白い。マジでそう思えた。僕だけではない、歌舞伎町を通る通行人たちもそれを見て笑っていた。その滑稽な踊りにセンスを売りにするスナイパー芸人の要素は微塵もなかった。それは僕の知ってる山崎君ではなかった。もうみなさんの知ってるザキヤマに生まれ変わっていたのだ。それから8年後、この男が『Ｍ－１グランプリ』のチャンピオンになるとは、この時の僕も嵯峨根さんも笑った通行人も、ドンキホーテのＢＧＭを作詞作曲した田中マイミさんも知らなかった。

僕ら細雪が人力舎に入り、ザキヤマが覚醒したちょうどこの頃、東京の若手お笑い界も大きく変化した。

ボキャブラブームである。

昨年くらいからじわじわと来ていたが、この頃になるとボキャブラブームは絶頂期を迎えていた。キャブラーと呼ばれた芸人たちはいわゆるお笑い第4世代とカテゴライズされる芸人たちで、この頃、その世代で全国のテレビバラエティで活躍していたのは、めちゃイケメンバー、ロンドンブーツ1号2号、キャイーンくらいだったが、ボキャブラで人気が爆発することによって、それ以外の実力派の芸人たちにスポットライトが当たるようになった。『バカ爆走』の集客のために呼ばれていた他事務所のゲストたちがボキャブラで活躍しはじめると、ライブ自体も異常な盛り上がりを見せた。

しかし問題もあった。ブームとは光が強いぶん、暗い影も落とす。ライブに集まるお客さんたちはゲストであるボキャブラ芸人にしか興味がなく、彼らのフリートーク（多忙でネタを書けない）では盛り上がるのだが、それ以外の芸人にはまったく興味もなく、ネタをはじめても平気で雑談するみたいなことが起きていた。

当時の思い出で『バカ爆走』終わりに会場を出た僕のところに出待ちしていたかわいい女子高生が「サイン下さい」とノートを差し出してきたので、照れつつ、そのノートを手にとろうとした。ちょうどその時、後ろからボキャブラで活躍する芸人が出てきて、その子はそれに気づくやいなや、僕からノートをもぎ取り、その芸人のもとへ駆け寄っていった。俺カッコ悪い！　とやり場のない気持ちを抱えながらトボトボ帰ろうとすると、僕の隣りを一台の自転車がさっと駆け抜けていった。その瞬間に絶叫にも近い声が聞こえた。

「キムタク！」

そう、その自転車に乗っていたのは木村拓哉で、ドラマ撮影をしていたのだ。キムタクに気づいた女子たちは一斉に黄色い声をあげてキムタクの方へ走っていった。僕にサインを求めたくせに、ボキャブラ芸人が来たらすぐさまそっちへサインを求めにいった女の子も、そのボキャブラ芸人からノートを奪い取り、キムタクの方へ走っていった。

ブームはすごい。しかし、本物のスターに勝てないと実感した瞬間だった。

第3章
芸人終焉、そして作家へ

細雪の分解

人力舎に入り数ヶ月。

「シティボーイズのようなコントライブがやりたい」

「カッコいいコントライブがやりたい」

そんな思いも空しく、ネタを作るもボキャブラブームに乗って詰めかけた客にはハマらず「自分の笑いがわからない客はクソ」、「芸人にウケればいい」とよりマニアックなネタを作ってしまう典型的な腐り芸人のスパイラルにハマり出していた。

僕は少し腐りはじめてきたが、相方のAさんの方はもっとヤバくなってきていた。僕はこの時、23歳だったが、Aさんは10個上の33歳。人力舎の芸人はほぼ僕と同世代。Aさんは誰とも友達にはなれず、いつも楽屋では居心地が悪そうにしていた。ネタもハマらない、楽屋でも居心地が悪い、Aさんはみるみるやる気を失っていき、だんだんネタ合わせにもサボって来ない日が増えていった。僕はそんなAさんの態度にイライラを募らせていった。

そんなある日、僕は人力舎の社長（先代、故玉川善治氏）に呼び止められた。

「お前は芸人より作家が向いている」

そう言うだけ言って、理由も述べず去っていった。社長は事務所に来ては、仕事もせずにただ漫画や小説を読んでいるだけの温厚な人だったが、たまに若手芸人のネタを見てはアドバイスを言い、そのアドバイスが結構的確だったので、生意気な芸人たちも社長には一目置いていた。

だとしても「芸人より作家に向いている」、「わかりました。じゃあ芸人辞めます」と簡単にはいかない。たしかに細雪はスランプだったし、この頃、演者よりも三木聡、宮沢章夫、三谷幸喜などの書き手の名前に興味は湧き出していた。それに加え、前年、自分の書いたコントを日村さんが読んでビックリするくらい面白くなったという手ごたえもあった。どうすればいいんだろう。そうこう考えているうちに1つの構想というか願望が浮かび上がった。

「バナナマンと一緒にユニットコントがやりたい」

こうすれば芸人を続けながら、バナナマンのネタを書くという作家業もできる。一石二鳥だ。しかし、今やバナナマンは東京若手ライブシーンのビッグネーム。僕と一緒にやる意味なんかない……とウダウダ考えててもはじまらないので僕は早速1つの目標を掲げた。

よし、とりあえず、バナナマンにすり寄ろう。

バナナマンすり寄り作戦開始！

バナナマンにすり寄ると言っても、どうすればいいのだろうか？　日村さんとは2年前に酒を飲んでから翌年一度お笑いライブを一緒に見に行ったくらいで、以降、プライベートで会うことはなく、本当にたまにライブで顔を合わせるくらいだった。

それにこの頃になるとバナナマンのイニシアティブをとっているのが設楽統だということも芸人たちの噂で知っていた。つまりバナナマンと一緒に何かやりたかったら、日村さんには失礼だが設楽さんに「ＹＥＳ」をもらった方が確実だ。設楽さんとは一緒になったライブの時に日村さんを通じて紹介されたのだが、設楽さんもド級の人見知りなのでさほど会話は盛り上がらなかった。そんな感じですり寄ろうにもすり寄れないまま時間だけが過ぎていった。

しかし、諦めるわけにはいかなかった。

ある日の『バカ爆走』で「今日のゲストはどのボキャブラ芸人なんだろう?」と香盤表を見るとそこに「ゲスト・バナナマン」という名前を発見した。このライブにバナナマンが来ることは珍しい。というかこの日が初めてだった。このチャンスを逃がすわけにはいかない。

「何があっても今日はバナナマンにすり寄る」

僕は固く心に誓った。こうして、後の僕の人生に関わる一大作戦が決行された。

この頃、『バカ爆走』のゲストコーナーではボキャブラ芸人が登場して、フリートークをするのがほとんどだったが、バナナマンはボキャブラに出ていないのでコントをしていた。この日披露したネタはその年の1月、バナナマン2回目の単独ライブ『処女2』で披露した名作「怖い話」だった。設楽が日村に怖い話をするのだが、設楽の話が下手すぎてまったく怖くない、という内容のコントなのだが、まさしくバナナマンの演技力だから成立するコントで「やはりこの人たちと一緒にコントがやりたい」と再確認させられた。

ライブが終わり、バナナマンが袖に戻ってきた時、僕は設楽さんに近づいた。

「すり寄り作戦決行！」

僕の頭の中でホイッスルの音が鳴り響いた。


「お疲れ様です」

まずはさりげなく挨拶をした。設楽さんと話すのは日村さんを通して自己紹介したあの日以来である。

「おお」

設楽さんは普通に対応してくれた。これから僕にすり寄られるとも知らずに……。

「今日のネタ、面白かったですね」

僕は今日のネタを褒めてから、それに続いてバナナマンの知ってるコントを褒めまくった。なんだコイツ気持ち悪いと思われたかもしれない。しかし、気持ち悪かろうがなんだろうが褒められたら人は話を聞いてくれる。その流れでシティボーイズライブの話をした。実は日村さん経由で設楽さんがシティボーイズライブを見ていることを知っていた。

「シティボーイズライブとか見ると若手のライブ演出ってダサくないですか?」

これがこのすり寄り作戦の一番のポイントだった。

「若手のコントライブはダサい↓どうすれば格好良くなる?↓俺の力があれば格好良くできる!」という論法ですり寄ろうとしていたのだ。


当時の若手芸人のライブは本当に安っぽかった。パソコンがまだそこまで普及していなかったので、カラーでデザインされたチラシなんてものは少なく、なんなら手書きのチラシがほとんどであった。バナナマンの初単独のチラシもワープロで打ったものを印刷しただけだった。幕間の音楽もいい加減なものが多く、今では当たり前の幕間映像も当時はやっている人がほとんどいなかった。映像編集ができる家庭用のパソコンもなく、映像を作りたいならテレビ番組同様に編集所に入るしかなかったのだが、そうなると結構なお金がかかったからだ。

僕は将来、自分がやるであろうコントライブに備えて、当時ウン十万したパワーマック(今のマックブックと比べても100分の1も性能がない)を借金して購入した。

設楽さんは「若手のコントライブがダサい」ということには共感してくれた。

チャンス！　ここで僕は「自分はこんなことができる」と必死にアピールした。

「いろんなパターンのコントを書くことができます」

「パソコンを持っているからデザインができます」

「なんなら映像も作れます」

「音楽をたくさん知ってるからいい音楽をセレクトできます」

基本はほとんどハッタリだった。パソコンは買ったばかりでまったく使いこなせてはいない。しかし、勉強すれば自分が影響を受けた作品と同じようなことがやれる。今はできないけど未来の自分はできると信じ、さも今やれる風な言い方でアピールした。

「だから……僕と一緒にライブやりましょう！」

奇跡とは人の熱意が生み出すのかもしれない。数ヶ月後、僕はバナナマンと一緒にユニットライブを行うことになる。

今になって思うことがある。設楽統は、あんな嘘臭いプレゼンで人を信用するような男ではない。では、なんであの時、僕と一緒にユニットコントライブをやってくれたのだろうか?

聞いてみたのだが、設楽さん本人も理由はわからないらしい。これは僕の推測なのだが、実はバナナマンが『バカ爆走』にゲスト出演したのはその後も含めて、あの1日しかない。なぜかというとあの名作コントをはじめた瞬間、ボキャブラ芸人目当てで来た客たちは興味を失い、最前列の客などは飲みかけのペットボトルをステージの上に置いて、雑談をはじめたのだった。その瞬間バナナマンは「こんなライブにはもう出ない」と決めたらしい。そんな日に僕の「すり寄り作戦」が決行されたのだ。なんなら僕は舞台袖からその時のコントを見ていたが、単純にそのクオリティに感動し「すごかった」という印象しかなかった。客の態度の悪さに腹を立て「二度とこのライブには出ない」と思った次の瞬間、どこの馬の骨かわからない男が「大好きです！　僕と一緒にライブやりましょう！」と言ってくる。これはもしかして、フラれてヤケクソになった女性がそれまでなんとも思ってなかった男と付き合うという奇跡のタイミングだったのかもしれない。あくまでも推測の話なのだが……。

なにはともあれ、僕の作戦は成功し、１９９７年6月にバナナマン、長井秀和、オークラ、そしてラブタンというフリーの女優さんで『ピンクマニュアルズ』というユニットライブが行われることになった。

ライブとなれば最初にやることはチラシ作りである。初めてのチラシは出演者５人の写真を載せて、タイトルと情報を入れるだけだったのだが、スマホはもちろんなく、デジカメもそれほど普及していない。だから、普通に撮った写真をスキャナーでパソコンデータとして取り込むわけだが、それもなかなかうまくいかず、１週間もかかってしまった。当然、映像制作なんて夢のまた夢だ。設楽さんに「映像とか使うの？」と聞かれたが「できるんですけど、それをするにはまだちょっと……ごにょごにょ……」と曖昧にごまかし、それはまた次の機会で、とだましだましライブ制作は進んでいった。自分の演技が下手過ぎて、自分の書いた台本の芝居をバナナマンに演技指導をされるなんてこともあったが、とにかく自分の書いた台本を演じてもらえることがうれしくて仕方なかった。まったく規模は違うが「自分のシティボーイズライブができる」と興奮し、中高大、どの時代の学園祭よりも自分にとっては青春感があり楽しかった。

しかし、不幸というのは幸せな時間にやってくる。

ライブ中にバナナマンとふざけてプロレスごっこをしていたら、足に激痛が走り痛みで立てなくなってしまったのだ。病院に直行すると医者から「筋肉の筋を切ったみたいです」と告げられた。

「でも、舞台に立てるんですよね？」焦った僕は、医者に詰め寄ると「中身にもよりますが、どんなことするんですか？」と聞かれ、僕はコントの内容や自分の動きを事細かに説明すると「やめた方がいい。安静にしてください」と言われた。

冗談じゃない。せっかくつかみ取ったバナナマンとのユニットコントライブ、絶対に諦めるわけにはいかない。僕はみんなにそのことを内緒にしてテーピングで足を固め、痛み止めを飲んでライブに出演した。

ライブは大成功で幕を閉じた。

打ち上げの席、みんなでひと言ずつライブの感想を言っていく中で、僕は思わず医者から出演を止められたことを告げたら、一同に「知らねーよ。お前が悪いんだろ」という顔をされたのだった……。

とはいえ僕の夢である「さまざまなカルチャーが融合するコントライブを作り上げる」の第一歩はここからはじまった。こんな幸せな夜はない。本当にそう感じた。だが、この時の僕はつい数日前に学んだことを忘れていた。
不幸とは幸せな時にやってくるものだということを。

終わりとはじまり

『ピンクマニュアルズ』という夢の一歩を踏み出した僕は最大限に浮かれたが、1つだけ引っ掛かることがあった。それは「Aさんはどう思っただろう？」だった。Aさんはこのライブを見には来てくれていたのだが、特に感想は言ってくれなかった。僕が「どうでした？」と聞いても「あーまあね」くらいの感想しか返ってこなかった。

Aさんのそういうリアクションは気になりつつも、僕はある思いが大きくなり、8月の中頃、相方であるAさんにあるプランを提案した。

「細雪は僕とAさんの『コントユニット』にしませんか？」

『ピンクマニュアルズ』を経て、僕はコントを書くという行為がすごく楽しくなってきていた。もっとバナナマンとのコントを書きたい。そのほかの優秀な芸人さんのコントも書きたい。しかし、細雪を解散させるにはAさんには申し訳ないし、僕的にもまだ少し芸人を続けたいという気持ちもあった。色々考えた結果、「なら2つやればいいんだ」という結論に至った。

「僕は作家業をやりたい。AさんはAさんでやりたいことがあったらやって下さい。たとえば昔、劇団をやっていたんだからまた劇団をやるとか……そんな2人がやりたい時にコンビとして細雪をやっていくんです。どうですか？」

それを聞いたAさんは「ふーん」と答えるだけで、その後、何も言ってくれなかった。

プランを伝えてから1ヶ月が経った9月。作家業をやりたいと思ったとてそんな仕事はすぐには入ってこない。一方、細雪には多少仕事が入ってくるのでそれはやる。結局、状況は前と何も変わらなかった。しかし変化は突然訪れた。

9月下旬、細雪が出演するライブにAさんは現れなかった。

Aさんはよく遅刻をする人だったので、それほど心配せずに電話をしたのだが、何度鳴らしても電話に出てくれない。「これはサボったな」と思い、僕は覚悟を決めて1人でステージに立とうと思ったのだが、この日、同じライブに出るバカリズムの升野君が

「だったら僕とやりましょうよ」と言ってくれて、その場でコントを考え、僕とバカリズムの2人で細雪としてステージに登場しコントを行った。

結果、これが細雪の最後のステージだった。

それ以降、Aさんとまったく連絡がとれなくなってしまった。何度か家を訪ねてもまったく出てきてくれず、「連絡ください」というメッセージをドアに貼るも返事はなかった。

あれだけ恋焦がれ、Oさんから奪い取るようにして組んだコンビなのに、あっけない解散だった。

「あんな勝手なプランを押し付けず、もっとAさんと話し合うべきだった」と反省もした。「それが嫌だったら、黙ってないで何か言ってくれても良かったんじゃないか？」とムカつきもした。

「何か思い悩んでたことがあったのだろうか？」、「それともただ遅刻をしてしまい、それがきっかけですべてどうでもよくなってしまいバックれたのか？」

それ以来、会ってはいないので、真意はわからない。

とにかくAさんには感謝している。

80年代の小演劇のことを教えてくれた。

古い音楽のことを教えてくれた。

『元気なはぐき』というぬるま湯から出ることができた。

芸人として色々なライブに立つことができた。

人力舎に入ることができた。


Aさんがいなくなると、急にすることがなくなってしまった。

当時細雪は毎月平均して15～18本はお笑いライブに出ていたので、それがなくなると、とてつもなく不安になった。今さらピン芸人もやる気になれず、かなり落ち込んでいた。

そんな時である。1人の男が僕に道を与えてくれた。

設楽統。

『ピンクマニュアルズ』のライブ以降、久しぶりに会って2人でメシを食った時、僕は「細雪がなくなり、やることがなくなった」と設楽さんに相談した。設楽さんは少し考えてこう言ってくれた。

「やることないなら、俺たちを手伝えよ」

ありがたいことに今、僕のことを「第3のバナナマン」と言ってくれる人がいる。そのすべてがこのひと言からはじまった。

オークラ企画と原石

設楽さんのこの言葉とほぼ同時期に、もう1つ自分のその後の人生の大きな柱になる仕事を依頼される。

細雪が解散した直後、『バカ爆走』に1つの問題が起きていた。ボキャブラブームにより発生した「キャブラー」と呼ばれる芸人たちが『バカ爆走』に出演することで、新宿Fu-の定員100人くらいの会場にそれ以上の客が集まり、立ち見が当たり前、入り口の扉も閉められない状態になっていた。しかも、キャブラー目当てのファンはちゃんとネタを見てくれない。となると、本来若手芸人が客にネタを見せて勉強していく場だったライブの機能が果たされなくなる。この問題を解決するために、人力舎のマネージャーのHさんが渋谷にできたばかりの「シアターD」という新しい劇場で、もう1つのバカ爆走、『バカ爆走inシアターD』（バカ爆D）というライブを制作することとなった。

もう1つの……と言えば聞こえはいいが、人気者が出演する新宿Fu-の『バカ爆走』に対して、『バカ爆D』はあまり人気がない芸人が出演する二軍的なライブだった。一軍がキャブラー、そして、人気が出てきた人力舎芸人のアンジャッシュ、アンタッチャブル、マンブルゴッチ（ゆってぃが当時所属）、北陽などだとしたら、『バカ爆D』に出演する二軍はアルファルファ（飯塚悟志、豊本明長のコンビ。東京03の前身）のほかに、スクールJCA5期生などだった。明らかにポップさには欠けるが、このメンバーならキャブラー目当ての客は来ないので、キチンとネタを見てもらえる場が誕生したと言える。ただ、客の数こそ少ないだろうが……。

『バカ爆D』始動直前に、僕はHさんに呼び出されてこう言われた。

「このライブは事務所から私にすべてを任せると言われました。なので、オークラに1つのコーナーをお願いしたいんです。誰を使ってもいいです。オークラがやりたいことをそのコーナーでやってください」。

先にも述べたが、この頃の僕はもう作家になって自分の好きな芸人のネタが書きたくて仕方がなかった。さらに言うなら、テレビコント、演劇、映画、本、マンガ……などから大量のインプットをしており、それをコンビネタ以外のコントでアウトプットしたくてたまらない時期だった。人力舎の芸人（二軍ではあるが）を好きに使って何をやってもいいならば、答えは1つ、「ユニットコント」以外考えられなかった。

メンバーは人力舎に入りたての頃から優しく話しかけてくれたアルファァルファァの豊本、そして、前からの友達で、怪物へと進化しはじめたザキヤマ、そして僕の3人のユニットコントをやることにした。

「コントやりたいけど、一緒にやってくれない？」とお願いしたら、ザキヤマは快く承諾。本来、ザキヤマは一軍扱いなので、『バカ爆D』には出ないのだが、事務所からスケジュールがオフの時ならという約束で出演OKをもらった。

この3人でユニットコントを……とスタートを切ったが、ザキヤマが来れない時のためにもう1人入れておこうと思い立った。とはいえザキヤマの代わりなんてそうはいない。これ！　という人がいないと迷っていた時、まだJCAから卒業したばかりの5期生の中に、面白そうな風貌をしている人がいたので、台本を渡して「こんなコントやろ

う と思ってんだけど、ちょっと読んでみてくれない?」とお願いしてみた。謎の格闘家が、自分の技を延々説明するというものなのだが、その技がめちゃくちゃというコントである。正直、このコント台本、肝心の技の説明がほぼアドリブ、どれだけ適当なことが言えるかが肝なのだが、その子はまだ養成所を卒業したばかりの超新人でありながらそれを上手に演じ、さらには次々とアドリブを繰り出し、2~3分のネタを7~8分まで延ばし、ずーっと面白く演じ続けた。

嘘だろ? 怪物ザキヤマの代わりがいるじゃないか。

僕はそう思った。それがドランクドラゴンの塚地であった。

その後、妙なプライドのあるオタクのコントなど演技力の高さで一気に東京コントシーンに躍り出ることになるのだが、この男もまた自分が面白いと思うことを演じられる天才だった。

僕はすぐさま塚っちゃんに「一緒にやろう」とお願いした。それも、ザキヤマの代わりではなく、ユニットコントの4人目のメンバーとして。

こうして、この4人で月1回20~30分の時間で、僕の書いたコントを5~6本行うユニット企画がはじまった。「オークラ企画」と名づけられたこの企画は、次第に面白いと評判になりはじめ、最初20人くらいだった『バカ爆D』の客がどんどん増えていく。

のちにこのオークラ企画は発展し、人力舎内でさまざまなメンバーでやっていくことになるのだが、そのメンバーたちが「さまざまなカルチャーが融合するコントライブ」という夢を担う人たちになっていく。

それはまだまだ先の話だが、設楽さんからバナナマンを手伝えと言われたこと、月1回のオークラ企画もあり、Aさんがいなくなった後、幸いにもそこまで長く落ち込むことはなくすんだのだった。

設楽さんとの下北沢青春譚

「お前も下北に住めよ」

ある日、設楽さんにそう言われた。

この頃、設楽さんは下北沢に住んでいたので、バナナマンの手伝いをするからには近くに住んでいた方がいいだろうと思った僕は当時、家賃が安いから住んでいた埼玉の朝霞市から、下北沢の設楽さんのアパートから歩いて3分くらいのアパートに引っ越すことにした。

家賃4万円の風呂なしボロアパートだったが、設楽さんのアパートもさほど変らないボロアパートだった。若手のライブシーンではカリスマであってもバナナマンは売れてるとはほど遠い。だから金はなかった。なので「やることないなら、俺たちを手伝えよ」と言われてもバナナマンを手伝う仕事はほとんどなかった。月1回の新ネタ作りの時にしゃべり相手になるくらいだった。しかし「手伝うにも、手伝う仕事なんてほとんどないじゃないですか?」という愚痴は1つもなかった。

なぜなら、下北沢に引っ越してきてから毎日が本当に楽しかったから。

完全にここが僕の人生で一番の青春時代だった。

毎日昼くらいまで寝ていて、設楽さんから呼び出しがかかり、家に行き、2人で近くの喫茶店でコーヒーを飲みながら、面白い映画や漫画の話や「あの設定、コントに活かせませんかね?」とコントの話をしたり、週2、3回、日村さんと合流してネタ作りを手伝ったり、夜になると銭湯へ行き、最近、ライブシーンで勢いのある若手情報を設楽さんに教えていた。

「今、ラーメンズってのがいるんですよ」

「最近出てきた、おぎやはぎってコンビが面白いんですよ」

銭湯から出ると、コンビニでメシを買って（お金のある時は王将へ行ったり）部屋で食べて、その後、近くのレンタルビデオ屋に行って、面白そうなビデオを借りて2人で見る。そんな毎日を送っていた。

こう言うと友達関係をイメージするかもしれないが、友達ではない。兄貴的主従関係と言った方がしっくりくる。ただ、平等な友達よりそういう関係の方が長い間一緒にいても対立が起こりづらいしうまく行くような気がする。


設楽さんは僕の部屋の合鍵を持っていたが、僕は設楽さんの部屋の合鍵を持っていなかったし、設楽さんから用を頼まれたら大抵のことはOKした。ある日、設楽さんから呼び出され、アパートに行くと「俺の部屋の前に誰のかわからない人糞が落ちてるから片付けて」と言われたことがある。さすがにそれは断ったが。また別の日は、僕がコンドームを買いながら「この前、合コンで知り合っためちゃくちゃエロいオンナが家に来るんです」と言うと「マジで！　じゃあ俺、押し入れに隠れるからセックスするところ見せて」と言われたこともある。もちろんそれも断った。ちなみにその夜、そのめちゃくちゃエロいオンナは僕にやらせてくれなかった。翌日、設楽さんの前で「全然やらせてくれないんですよ！」とコンドームを投げ捨てた。

遊んでいただけではない。下北沢生活がはじまってすぐ、第3回バナナマンライブ『日本人は人に物を頼むとき土下座をすると聞いたのだが。』を12月に開催することが決定した。設楽さんと僕は常日頃から「お笑いライブを格好良くしたい」という話をしていた。デザイナーに頼むお金などなかったので、僕の家に泊まり込みでチラシをデザインした。３ヶ月前とは違い、イラストレーターやフォトショップを勉強し、『ピンクマニュアルズ』の時と比べたら段違いにレベルの高いチラシが完成した。これからのち、第9回目のバナナマンライブくらいまで2人でチラシを作っていくのだが、（その後、プロに依頼するように）かなりチラシ作りの勉強になった。

その後、噂を聞きつけたお金のない色々な芸人たちから、ライブのチラシ制作を頼まれるようになり、それがちょっとした生活の足しになった。

ライブの選曲も相当悩んだ。僕がさまざまな候補曲を選び、設楽さんに聴かせ最終決定をもらうのだが、インターネットも金もないこの頃は、CD1枚買ってその中に使える曲がないとその出費は手痛い。だから、大量の音楽雑誌を読み漁り、確実な情報を得てからCDを買ったので、お陰でかなりの音楽知識が身についた。

もちろん、肝心なネタ作りも参加した。バナナマンライブのネタ作りは、ほかの芸人とは違い（みんないろんな作り方があるとは思うが）、とにかく一度台本にして提出する。その台本を設楽さんが見てOKとなったら、それを叩きに何度か直して、最終的に設楽さんが手を入れるという流れが基本なのだが、この頃は出せども出せどもOKにならず、このライブで採用されたネタは1本だけだった。この先のバナナマンライブにおいて、この鬼のコント台本千本ノックが続くのだが、結果的にこのおかげで、かなりコントを書く力が身についたと思っている。

このネタ作りの時に、設楽さんが言った、今もシチュエーションコントを書く時の指針となっている言葉がある。

「矛盾を消せば、笑いが生まれる」だ。

コントを書くと、どうしても矛盾点が生まれる。「ストーリーを進ませるために登場人物のキャラに見合わないセリフを言わせる」、「展開の都合のため、登場人物をトイレにはけさせるが、用を足したとは思えない短さで返ってくる」みたいな都合から生まれる矛盾である。しかし、こういった矛盾を解消させるために、色々な意味をつけていくと違う展開が生まれたり、思わぬ笑いが生まれたりする……というものだ。今でもこれを意識してシチュエーションコントを書いている。

こうして、僕が初めて参加したバナナマンライブが完成した。その熱量は『ピンクマニュアルズ』と比べものにならなかった。なにせ書き上げた台本は本編の倍以上あり、それら台本を泣く泣くカットし約2時間半にまとめたからだ。その時できるすべてのことを詰め込んだ印象だ。

当日、お客さんに配られるチラシにオークラという名前を見つけて感無量になった。どうでもいいことだが、この時を境に芸名（ペンネーム）が「オークラ劇場」から「オークラ」になった。設楽さんに「将来的に考えて、オークラ劇場だといろいろ面倒になるかもしれないから、取っちゃえば」と言われたからだ。設楽さんは冷静に先を見据えている人だ。

本番直前、2年前はバナナマンライブを見て衝撃を受ける側だったが、今度は衝撃を与える側になれるかもしれない。と興奮と緊張が入り交じりながら会場を見渡すと、多くの客に混ざり芸人たちの姿がチラホラ見えた。その中にラーメンズの小林賢太郎もいた。この時はまだ無名だったが、数年後、バナナマンと共に、コントライブシーンのカリスマになっていく。

ライブは大盛況で幕を閉じた。

こんなに何かをやり遂げた気持ちになったのは初めてだった。勉強も部活も学校行事も適当で、やり遂げたというほど頑張ったことがなかった僕はその充実感で打ち上げの席で浴びるほど酒を飲んだ。その結果、とてつもなく酔っ払い、覚えてはいないが、設楽さんと一緒に帰るタクシーの中でかなりの迷惑をかけたらしい。

いまだに設楽さんからは、初めてバナナマンライブに参加した感動よりも、酔っ払ってどうしようもなかったことを言われ続けている。

父のこと

そんなこんなで、下北沢での設楽さんとの生活はすごく楽しかった。遊んでいるが、コントライブには命を燃やす。金はないがこれぞ青春という毎日だった。しかし、1つだけ心に引っかかることがあった。それは……。

この時、僕はまだ大学生だったのだ。

「お前どうなってるんだ！」

親は心配して、何度も僕に電話をかけてよこした。

少し前まで、芸人として月15本はライブに出ていた僕は大学などほとんど行っておらず、4年間経っても単位が60にも至らず、大学5年生になっていた。

僕は親に「自分が芸人をやっていたこと」を伝えていなかった。

なので普通に大学に通っているはずの息子がなんでそんなに単位を取れてないのか？小中高（1年浪人したが）そこそこマジメだった息子に一体何が起きたのか？　親からしたら意味がわからないのもわかる。ではなぜ、親に芸人をやっていたことを伝えなかったのか？　理由は簡単である。

僕は父親にビビっていたのだ。

父はひょうきんな性格ではあったが、一代で建設会社を作り上げたそこそこイケイケの人間で、亭主関白、巨人ファン、毎晩酒を飲み歩く、ザ・昭和の親父だった。なので、子供の頃から僕は父に逆らった記憶がほとんどない。家族の中では父が絶対だった。父がテレビを見ている時、ほかの番組が見たいと頼んでも、

「これは俺の金で買ったテレビだ！」

と一切受け入れられなかったり、

『ドラえもん』の単行本が欲しい」

とお願いしても、「俺はのび太が嫌いだ。自分で努力せずなんでもドラえもんに頼る！」

と言って、翌日に『キャプテン』という努力を売りにしたスポ根漫画を全巻買ってくる。そんな男だった。

父と僕は2人とも週刊少年ジャンプが好きだった。毎週月曜発売のジャンプはたまに土曜日に発売することもあり、僕は父が喜んでくれるだろうとジャンプを買って帰って

きたことがあったのだが、それを見た母は「そのジャンプを隠しなさい！」と言った。どういうこと？　母は続けてこう言った。

「お父さんもジャンプ買ってきたの。せっかくお父さんがお前が喜ぶと思って買ってきたんだから！　お父さんに悪いでしょう？」

普通、こういう場合は子供を喜ばせようと、親が気を遣うもんじゃないのか？　とツイートしたら軽く炎上しそうな内容だが、当時の僕はそれを受け入れていた。

そんな絶対君主の父が、僕が大学に合格した時はすごく喜んでくれた。僕が入学した大学は日本大学理工学部土木工学科で、それは家業を継ぐことを意味する。父は息子が跡を継いでくれることが相当うれしかったらしい。しかし、僕は大学に入るやいなや笑いの世界に飛び込んだ。ぶっちゃけ、僕がそういう学部に入ったのは建設の仕事に興味があったわけではなく、家が建設業をしていたから、なんとなく「そういうもんかなー」という気持ちで入っただけだった。もちろん、入学したての頃は笑いの世界に飛び込むつもりはなかったが、大学でN君と出会い、芸人になって、たくさんの出会いを繰り返していくうちに「さまざまなカルチャーがコントを中心に結びつく。そんなコントライブがしたい」という確固たる目的が生まれてしまった。芸人は辞めたが、バナナマンの仲間になり、オークラ企画も任され、まだ全然だが、夢に進みはじめている。

もう父の跡を継ぐ気はなかった。だったら、それを父に言えばいいのだができなかった。ビビッていたのもあるが、僕が継ぐことであんなに喜んだ父に「申し訳ない」と思いなかなか言い出せなくなっていたのだ。

その後、せめて大学は卒業しないと、と思い、なぜか高卒の設楽さんに相談に乗ってもらい、単位を取るプランを立てた。しかし、そんな気持ちで大学なんか通えるわけもなく、もう1年留年が決まった時に、大学を辞める決断をした。さすがにもう父に隠しておく状況ではない。っていうか、こういう活動をしていたことは姉や妹は知っていたので、それは母の耳に入り、父もなんとなく息子がおかしなことをしていると気づいていた。父に大学を辞めることを告げると、

「お前は俺を裏切った！」

当然、親父は激怒した。

「なんで俺にだけ言わなかった！」

母や姉、妹は知っていたのに、自分だけ最後まで知らされなかったことも加わり、怒りは止められなくなっていた。

「そんな世界に入ってもうまくいきっこない！」

そう思われても仕方ない。

「そんな世界で通用するのは、清原だ！」

これは意味がよくわからなかった。おそらく、お笑いがプロ野球の世界だとしたら、そんな世界でうまくいくのは清原くらいの才能がないとダメだと言いたかったのだろう。

結局、そのまま半分、勘当され、僕はしばらく実家に帰りづらくなってしまった。

渡部派？　児嶋派？

1998年、24歳になり、大学を辞めた。今さらどこにも就職なんかできなくなった僕は、もう逃げ道なしでお笑いの道を突き進むしかなくなっていた。

その頃、『バカ爆D』でやっていた豊本、ザキヤマ、塚地、オークラからなるユニットコント企画「オークラ企画」は評判になっていた。一方、一軍が集まる『バカ爆走』

にも変化が起きはじめていた。『バカ爆走』は毎月アタマの6日間ライブを行うのだが、1日から5日まではキャブラーなどの他事務所の人気芸人をゲストに呼び、6日は「JCAオンパレード」と銘打って人力舎の芸人のみが出演していた。

このJCAオンパレードは個々のネタをやった後、人力舎の若手内で一番の先輩アンジャッシュの2人、渡部さんと児嶋さんがそれぞれ選んだメンバーと一緒に企画をやっていた。「渡部企画」、「児嶋企画」と名づけられたその企画は、実質、渡部さん、児嶋さんが普段からつるんでいるコンビの片割れたちで組むため、それは人力舎若手芸人内の派閥となり、はっきり言って仲が悪かった。

何度も何度もしつこいが、この当時、若手芸人たちは「自分が一番面白い」という思いが強く、尖りまくっていたので、強弱はあるが、どのコンビも仲が悪かった。これは実際にコンビを組んでネタ作りをしてみるとわかるのだが、結構険悪なムードになることが多い。面白さなんて人それぞれで、自分が「こっちの方が面白い」と言えばそれが正解でもある。そんな答えがあってないようなものを2人で話しはじめると、これはもう「どっちがイニシアティブをとるか？」の戦いでもある。ネタを書いている方からすれば、書いてない方に「これちょっと違くない?」なんて言われると、もう世界がどうなってもいいと思ってしまうくらい腹が立つ。書いてない方にしたって、なにか口を出すたびにムスっとされたらたまったもんじゃない。ましてや、書いてない方のキャラが客ウケが良かったりするとさらにややこしくなる。どんなに仲の良かった同級生でもコンビを組めば、次第にプライベートでは疎遠になっていく。相当なパワーバランスで押さえつけるか、本当のお人好しがいるくらいしか、コンビの仲は平和にならない。

のちに人力舎を背負う若き芸人たちは、もちろんまだお笑い自意識の塊である。コンビが別れて、仲の良い人たちと企画を作ると明らかにコンビでネタを作っている時よりも楽しい。責任感がないから変なイニシアティブをとる必要もない。そうするとより仲間意識が強くなり、結果、渡部企画と児嶋企画の2つの派閥は、人力舎の外部の人間から見ると、ヤバイくらい反目し合っていた。激昂型の不良タイプがいないぶん、直接的な争いはなかったが完全な冷戦状態ではあった。

そんな中、一軍の『バカ爆走』から二軍の『バカ爆D』のオークラ企画に打診が来た。

「来月から『バカ爆走』の6日目、JCAオンパレードの日にオークラ企画をやってくれないか？」

断る理由はない。渡部企画と児嶋企画は仲が悪いので「どっちの方がつまらなかった」と言われないためにも、互いに本気を出さないユルい企画をやっていた。それに対してオークラ企画は本気で面白いと思うコントを作り続けていた（それにすべてを懸けていたというのもあるが）。

こうして、二軍ライブで練り上げたユニットコントをひっさげ、一軍ライブで披露すると、結果は大盛上がり。自分的には『バカ爆走』への最高の凱旋となった。


これを機に、ＪＣＡオンパレードは渡部企画、児嶋企画、オークラ企画の３つの企画でやっていこうとなったが、３つは多いのでは？　という声も上がりはじめ、結局、渡部さんから「一緒にやらない？」という誘いを受けて、渡部企画と合併する形で、児嶋企画とオークラ企画の２班体制で決着がついた。

しかし、これが児嶋企画的には気に入らなかったらしく、「なんで渡部企画と児嶋企画でやってきたのに、オークラ企画になっちゃうの？　そんなのズルい。そんなんだったら児嶋企画だってやりたくない」と、ここまでハッキリ言われたわけではないが、そんな空気が流れ出した。今考えるとくだらないことだ。とにかく、この時期、人力舎若手芸人内の空気は異常に悪かった。

それからしばらくしてだった。この最悪な状態を救ってくれる「人付き合いの天才」が人力舎にやってきたのは。

おぎやはぎの精神革命

「オークラ企画おもしれーじゃん」

その男は、信じられないほど慣れ慣れしい口調で僕に話しかけてきた。メガネをかけて歯並びが悪く、不良っぽいけど優しそうな顔をして、スネ夫的ズルさを持ってそうなのになぜか憎めない男の子。

名前は矢作兼。

「あれ、君が考えてるの？」

「そうだけど……」

「超おもしれー！　天才じゃね？」

「そう……（照）」

右も左もお笑い自意識の高い、面倒臭い人間で溢れていた若手芸人の世界。初対面で気軽に話しかけて、しかも簡単に他人を天才と認めてしまう。そんな芸人に会ったことがなかったので面食らった。

これが、おぎやはぎの矢作さんとの初めての会話だった。会話は初めてなのだが、矢作さんとの出会いは実は初めてじゃない。例の二軍ライブ、『バカ爆D』のゲストコーナーに出演していたのだ。僕にはその時の記憶がハッキリと残っている。

小木が監督、矢作が役者という設定で、監督小木の「よーい！　アクション！」という掛け声をするが、「アクション」の発音が変。気になって演技に集中できないと矢作がクレームを入れ、小木は「よーいアクション！」をやり直すが、今日が初めての監督なので恥ずかしくて「アクション」を言えない。延々とそれを繰り返すコントだ。

1つのシステム（ルール）を作り延々繰り返す。これは完全に「システムコント」だった。何度も言うが、この頃はほとんどの若手芸人が同じようなパッケージのネタをやっていた。それとは違うフォーマットで面白いネタを作れている芸人なんてのはひと握りしかいなかった。

おぎやはぎがネタをはじめるなり、僕は驚いた。

「この人たちはひと握りの人だ」

バナナマンやバカリズムのネタを初めて見た時と同じように感じた。ただ、その2組と決定的に違うことがあった。

「完成されてない！」

バカリズムなら1つのシステムを作ったら、それを複数の形で展開していくだろうが、おぎやはぎの場合はただそれを延々と繰り返していた。なので後半にいけばネタがダレてくる。しかし、その未完成な部分がおぎやはぎの人間性を醸し出しいるのだ。仲の良い友達がノリで作ったネタ。自分たちが面白いと思ったことをただやっているだけ。そんな雰囲気なのだが、見てるとこっちも面白くなる。

この後、おぎやはぎはさまざまなコントを作るが、どれも面白かった。コントの構成力という意味ではバナナマンのレベルではないが、自分たちが面白いと思ったことをちゃんとネタに昇華していた。むしろネタがゆるいぶん「おぎやはぎは面白がってるんだろうな」というノリがダイレクトに伝わってきた。悔しいかなこれができる芸人が天才なのである。

おぎやはぎは僕にオークラ企画をやらせてくれたHさんにスカウトされて人力舎に入ったのだが、入ってすぐに僕を天才と褒めてくれた。天才だと思った人に「天才だ」と褒められる、こんなにうれしいことはない。僕は初めて会話した時から矢作さんが大好きになった。僕だけではない。あの殺伐とした空気の人力舎の芸人たちもあっという間におぎやはぎのことが好きになっていった。

「俺は誰よりも面白い」という自意識に支配された若手芸人はなかなか他人を認めない。しかし、2人は面白いと思った芸人に対しては、素直に「面白い」と言った。簡単なことだが、これがなかなかできない。

おぎやはぎの最大の才能はこの「素直さ」である。

素直だからこそ、面白くない時はハッキリ「面白くない」と言った。だからこそ、「面白い」という言葉にも信ぴょう性があった。相手に認められると人は心を開く。こうして人力舎の芸人たちはおぎやはぎの言葉なら素直に聞くようになっていった。

特に矢作さんは異常に空気の悪かった人力舎の芸人たちの人間関係に対して「そんな

のやめて一緒にやろうよ」、「売れてもないのに何やってんだよ」と言ってくれたので、次第に芸人たちの険悪だった関係も雪解けしていった。これを僕は勝手に人力舎の精神革命と呼んでいる。今のイメージである「人力舎芸人は仲が良い、上下関係がユルい」という基礎を作り上げたのだ。

僕はおぎやはぎのこうした素直さが、2000年代の漫才界に革命を起こしたと思っている。おぎやはぎは「コント師はコントしかやらない」というこだわりもなく、「コントより準備することが少なくて楽」という理由で、漫才にも手を出しはじめるのだが、当時の若手漫才が当たり前のようにやっていた強いツッコミに対して「普段あんなしゃべり方しないのに恥ずかしくってできないよ」と言って、自分たちのノリでしゃべる漫才をはじめた。なので矢作さんのツッコミはツッコミというよりは「優しいなだめ」になった。「小木がやりたいことはなるべくやらせてあげたい」と受け入れ、小木のボケを優しくなだめる矢作。これは見方によっては2人ともボケているよう見えた。ボケとツッコミがハッキリした当時の漫才フォーマットに慣れた人たちからしたら、それは画期的に映った。そんなおぎやはぎの漫才を見て、笑い飯の哲夫さんがあのWボケスタイルを漫才を生み出したと言われている。
それ以降、２０００年代の若手漫才師はさまざまなフォーマットを生み出し、漫才は急速に進化していった。もちろん、おぎやはぎだけの手柄ではないが、間違いなく2人がその変化の一端を担ったはずだ。

そんなおぎやはぎの漫才は瞬く間に評判になり、3年後の２００1年にはじまった『M－1グランプリ』第1回で、東京の漫才師で唯一ファイナリストになった。結果、ファイナリスト10組の中で最下位になるも、それが2人のキャラと相まって世間から注目されていく。自意識に支配され、本来の自分とは違うスタイルを演じた多くの若手たちとは違い、無理せず素直に自分たちのノリで振る舞ったおぎやはぎが、結果、人力舎で最も速くテレビタレントとして売れ芸能界を駆け上がっていったのだった。最近はその素直さで炎上騒ぎをよく起こすのだが……。

気がつくと矢作さんは後輩でありながら、人力舎みんなのお兄ちゃん的存在になっていた。僕も矢作さんと飲みに行くのが本当に好きだった。色々教わった。寿司が大好きな僕に東京の美味い寿司屋を教えてくれたのは矢作さんだし、焼酎のソーダ割りにすだちを絞ると美味いというのを教えてくれたのも矢作さんだし、秘密のスイッチを押すと、戸棚が動き、その奥に秘密のカラオケルームがある……というエロい店があることを教えてくれたのも矢作さんだ。

なにより矢作さんは飲みの席で僕が「こんなことやりたい」と言うと、それがどれだけビッグマウスな発言でも「オークラならできるよ」と言ってくれた。お陰でそれが自信になり、前に進むことができた。ここから数年、僕はおぎやはぎとバナナマンを中心に東京のユニットライブを築き上げていくことになる。

飯塚悟志との最悪な出会い

1997年、この年に親交を深めた人たちは、その後、僕の人生に大きく関わり、今でも仲間として共に仕事をしている。その中でも最重要人物の1人と言っていいのが、東京03の飯塚悟志だ。

飯塚さんは当時、アルファァルファァという名のコンビで豊本明長と活動をしていた。飯塚さんがＪＣＡに入学したのが１９９３年、僕の初ステージが１９９４年。年齢的には同級生なのだがお笑いでは1年先輩にあたるので一応さん付けで呼ぶ。ちなみに豊本は飯塚さんの１つ後輩で歳も２つ下（ザキヤマと同期で同じ歳）なので呼び捨てで呼んでいる。さらに言うと、角ちゃん（角田晃広）が大学の友達とお笑いトリオ、プラスドライバーを結成したのは１９９６年なので、後輩だから角ちゃんと呼んでいる。

僕にとって飯塚さんは多くの仲間たちの中で一番「友達」に近い感覚だ。バナナマンもおぎやはぎも友達というより1学年上の仲が良い先輩という感覚だ。年が上とか芸歴が上とか色々理由はあるが、そう思う一番の原因は出会った当初に「尊敬できたかどうか」である。バナナマンもおぎやはぎも出会った時に尊敬した。

しかし、飯塚さんにそれがなかった。むしろ、嫌いだった。

飯塚さんとの出会いは、１９９７年2月に細雪として人力舎に入った時だ。人力舎の若手といえば、アンジャッシュ、アンタッチャブルは知っていたが、アルファルファはほかのライブにほとんど出演しなかったので、存在をよく知らなかった。初めてアルファルファのネタを見た感想は「普通だなぁ」だった。変なキャラの豊本がボケて、飯塚がツッコむ。当時溢れていた典型的若手コント師のフォーマットで、まあまあウケてはいるがまったく興味を持てなかった（当時の自分がそういうネタに対して否定的すぎたというのもあったが）。豊本は向こうから話しかけてくれたので、すぐに仲良くなったが、飯塚さんとはほとんど口をきかなかった。なので、この頃の飯塚さんの思い出は全然ない。覚えていると言ったら「服がダサい」、「髪型がダサい」、「ヒモ」、そして「誰よりも尖っていた」だ。

飯塚さんは確実に人力舎で一番尖っていた。人間が信じられない、捨てられた野良犬のような目をしていた。記憶に残っている飯塚さんとの初めての会話は、

「話しかけんなよ！　オメーなんか興味ねぇーんだよ！」

と言われたことだ。

なんでそうなったのかハッキリ覚えていないが、尖った態度の飯塚さんを僕がイジったのかもしれない。女の家に転がりこんでいるヒモ生活をしていた飯塚さんをイジったのかもしれない。とにかく、そう言われたことだけは覚えている。負けず劣らずこちらも尖っていたので「こいつなんなんだよ！」となり、それからますます口をきかなくな

った。実は、この関係は1999年の8月くらいまで続く。

その後、僕は細雪を解散。以降、僕はバナナマンの仕事を手伝いながら、人力舎のライブで「オークラ企画」を任されるようになり、人力舎の芸人たちとより親交を深めていく。ほかの事務所の芸人たちから単独ライブのチラシのデザイン制作を頼まれるようになり、演出的アイデアの相談に乗るようにもなっていった。

その間、飯塚さんとは交流はほとんどなかったが、一度だけ、オークラ企画でユニットコントをやった後、袖で見ていた飯塚さんに「楽しそうだな」と言われたのは記憶に残っている。

それからしばらく経ち、アンジャッシュ、アンタッチャブル、おぎやはぎ、ドランクドラゴンといった人力舎の芸人たちが自分たちの個性を打ち出したネタで人気を博していくようになるのだが、飯塚さんは長いスランプに陥る。ネタの構造をきっちり理解、研究し、ちゃんと練習すれば、ある程度のお客さんを笑わせるものを作ることができる（それはそれで難しいのだが）。しかし、その人の個性、人格、面白いと思う独自の思想をネタに落とし込み笑わせるとなると、格段に難しくなる。芸人が花開くもっとも大事なことは「自分はどんな人間なのか？」という自分の個性を理解し、そして、それを「エンターテインメントとして見せる方法」を生み出した時だ。人力舎の仲間たちがそれを生み出す中、アルファルファはなかなか生み出すことができなかった。

僕が知り合った同世代の芸人の中で、「一番のネタオタク」と言ったら間違いなく飯塚さんだ。ネタ以外のことにまるで興味がないから、服も髪型もダサい人間だった。そんな飯塚さんだからこそ、どんどん荒んでいった。

飯塚さんのことを話したから、流れで当時の角ちゃんの印象も書いておく。3人組のプラスドライバーは1997年の7月、『バカ爆走』の新人コーナーで優勝し、他事務所ながらレギュラーになった。プラスドライバーは当時の印象で申し訳ないが「ダサいネタをする芸人」だった。注意しておくが、ダサい＝スベっているではない。むしろ結成当初からウケていたトリオだった。

ではなぜダサかったのかというと、（何度も書いて申し訳ないが）当時、若手の主流はダウンタウンをフォーマットにしているネタ、プラスドライバーはそれより以前のフォーマットのしっかりフッてしっかりボケるコントだったので、尖りまくっていた若手芸人からするとそれが大変気恥ずかしかったのだ。とはいえ、昔からあるフォーマットは見ているお客さんも何がやりたいのか理解できるため、ちゃんと演じることができれば非常にウケる。角ちゃんのしっかりした演技力によって、プラスドライバーは結構ウケていたのだった。『バカ爆走』をきっかけに角ちゃんと話すようになったが、話すのはお笑いではなく、ほとんど音楽のことだった。

化けたラーメンズ

同じ頃、知り合いになり、のちの東京コントシーンでカリスマと言われたコント師がいる。ラーメンズだ。

ラーメンズとは細雪を解散する前から面識はあった。ある時楽屋にいたら、長身のイケメンが「細雪って面白いよね、俺好きだわ」と話しかけてきた。それが小林賢太郎だった。とても人懐っこい笑顔で僕らのネタを褒めてくれるので、単純な僕はすぐにコバケン（そう呼んでいた）が好きになり、ライブで会ったら話す関係になっていた。話す内容はシティボーイズ、イッセー尾形などの先輩方のコントの話やバナナマンやアンジャッシュ、バカリズムの同世代の気になるコント師の話ばかりで、「本当にコントが好きなんだな」という印象だった。

しかしラーメンズがどんなネタをやっていたのかはあまり記憶にない。多摩芸術大学出身という経歴とコバケンの相方・片桐仁のキャラが気になり、いくつかネタは見たが、漫才の時もあるしコントの時もある、インテリジェンスなオーラをまとったイケメンと個性的なモジャモジャがなんかやってたなー……くらいの記憶しかない。おそらくラーメンズはまだその頃、自分たちの「型」を探している途中だったのかもしれない。

ただ、正直に言うと「どうせすぐに解散するんだろうなー」と思っていた。ラーメンズは大学お笑いリーグ出身だったので「大学生の遊びだろう」（自分も大学生だったが）、「そもそもラーメンズって名前、適当すぎんだろ」と舐めていたのかもしれない。が、先に解散したのはこっちだった。

しばらくして、バナナマンライブ（1997年12月　第3回バナナマンライブ『日本人は人に物を頼むとき土下座をすると聞いたのだが。』）に参加させてもらえることになった僕にコバケンが「チケットをとって欲しい」と言ってきた。かつてバナナマンのライブを見て自分が受けた衝撃を、今度は制作者側から人に与えてみたい。と思っていたので、喜んでチケットを手配した。ライブが終わり、会場ロビーに行くと「オークラ！」という声が聞こえた。コバケンはいつもの人懐っこい笑顔で入り口の方で手を振っていた。

「最高に面白かったよ！」

それを言うために僕が出てくるのをわざわざ待っていてくれたのだ。コバケンはクールで近寄りがたいイメージがあるが、若き日のコバケンは僕が知り合った芸人の中でも1、2を争うくらい愛嬌があった。

それから3ヶ月が経った1998年3月、若手ネタライブで久しぶりにラーメンズを見た僕は驚いた。ラーメンズが化けていたからだ。

何がきっかけはわからないが、自分の「型」を探し続けた男が遂にそれを見つけて進み出していたのだ。僕がそう思ったネタとは『できるかな』のパロディコントで、片桐演じるゴン太君らしき動物の家にコバケン演じるノッポさんらしき人が訪ねてきて、『できるかな』らしき舞台裏を話していくという内容のコントで、2021年色々話題になったコントである。

笑いは追求すると感性が鋭角になり、ブラックユーモアに行きつくことがある。日本で笑いの頂点を極めたビートたけし然り、松本人志然り、かなりブラックな笑いを作ってきた。言ってしまえば人が死んでしまうという展開で笑いを作る作品もたくさんある。しかし、それには色々意味があって、問題になった言葉にしても、コバケンはただそれを揶揄したかったわけではなく「絶対やってはいけないもの」としてその言葉を使ったのだ。もちろん、なんでもやっていいわけではないが、当時、自分も含め、ほかの表現者たちもまあまあ残忍なネタをやっていた。思うことはあるが、コバケン自身が謝罪コメントで述べた「思うように人を笑わせられなくて、浅はかに人の気を引こうとしていた頃だと思います」。これがすべてである。さらに言うならそれに続くコメントで「その後、自分でもよくないと思い、考えを改め、人を傷つけない笑いを目指すようになっていきました」と言った通りその後、コバケンは自分の性格とすり合わせ、彼の言う「浅はかさ」とはほど遠いコントを生み出していく。

そんな形で話題になったコント『できるかな』だが、「型」を探していたラーメンズが、その第一歩を踏み出したエポックメイキングな作品だと僕は思っている。パロディではあるが、これは見事なシチュエーションコントだった。僕の定義するシチュエーションコントは「とある状況(シチュエーション)の中で笑える人間模様(ドラマ)を描くコント」だ。これはゴン太君(らしき動物)とノッポさん(らしき人)による人間ドラマだった。初めて生で見た時、バナナマンのコント「パピヨン病」を見た時と似たような感覚に襲われた。

このレベルの技術を持つコント師がまた現れた。

翌日、下北沢の銭湯で、僕は設楽さんに「ラーメンズってコンビのコントが面白いんですよ」と報告した。ほかの芸人にあまり興味を示さない設楽さんも僕の熱とラーメンズという変な名前が気になったのか珍しく話に食いついてくれた。

「こいつがこの前話したラーメンズの片桐です」

それから1ヶ月くらいして、設楽さんと僕が下北沢の街を歩いていると、バッタリ片桐に遭遇した。僕は片桐を設楽さんに紹介し、その流れで彼の家へ遊びに行くことになった。当時、片桐も下北沢に住んでいて、4畳半の狭い中に片桐が作った変な彫刻と粘土細工が溢れるおもちゃ箱みたいな部屋に住んでいたので、僕はちょくちょく遊びに行っていた。

「設楽さんがいる」と聞いたコバケンは急いで片桐の部屋へやって来た。この頃のラーメンズはまだ頭角を現してきたくらいだが、バナナマンは東京若手ライブシーンのトップ。設楽さんと面識がなかったコバケンは色々聞きたいことがあったのだろう。チャンスとばかりに設楽さんに質問をぶつけ、設楽さんもそれに答えた。会話が弾み、コバケンが「もうすぐ有りネタ（色々なライブでかけるネタ）が10本溜まるので、単独ライブをやろうと思ってるんです。そしたら見に来て下さい」というプランを打ち明けると、設楽さんは「それじゃダメだよ。単独ライブ用の新ネタを作らないと」とアドバイスをした。「新ネタですか……!」コバケンはなんとも言えない表情をしていた。

2ヶ月後の6月、ラーメンズ第1回単独公演『箱式』が開催された。ラーメンズと3人の客演による9本のコントはすべて新作だった。しかし、そのアドバイスをした設楽統はそこにはいなかった。とにかくほかの芸人にはあまり興味がない人なのだ。

ラーメンズの単独はのちの躍進を感じさせる素晴らしいもので、その世界観はもう出来上がっていた。何よりもすごいと思ったのがタイトルで、当時芸人の単独ライブのタイトルはニュアンスでつけているものが多く、公演内容とタイトルがほとんど関係ない。しかし、この『箱式』というタイトルは、コントの場で具体的なセットを使わず、すべて箱イスで表現するというコントスタイルを表現し、さらには美大出身のコント師らしいアート的なイメージを打ち出していた。

続く2回目の『箱式第二集』の後、1999年の第3回単独ライブ『箱よさらば』ではコントセット、衣装、幕間をすべて一番シンプルな状態までそぎ落とし、見ているお客さんの想像力に委ねる形を完成させていた。このコントの世界観も相まってラーメンズの単独は、ほかの芸人の単独と一線を画し特別なブランドとして確立していった。

このブランディング力こそが、天才小林賢太郎の最大の能力だと思っている。ここから数年、コバケンと一緒にコントをやるようになるのだが、その時、間近で見たその能力が今の僕の大きな力となっている。

コバケンがなにかのクリエイティブディレクターになったら、どんなモノを生み出すのだろうか？　その才能を絶対に腐らすべきではない。

第4章

つながった仲間たちとコントの日々

コント作りに明け暮れた日々

僕は１９９７年〜２００３年（年齢で言うと23〜30歳）の７年間で10個のコントユニットを立ち上げ、14本以上のユニットコントライブを行った。平均すると年２回、１つのライブの制作期間が２〜３ヶ月。毎年行われるバナナマン、おぎやはぎの単独ライブを中心に、ほかの芸人の作家業を行っていたので、１年中何かしらのコントライブに携わっていた。

思い返すと20代は、みんなでドライブで遊び行ったとか、フェスに行ったとか、合コンしたとか、彼女と海に行って波打ち際の砂浜にハートマークを書いて、その中に自分と彼女の名前を書く……とか、そういうキラキラした記憶は一切蘇らない。ほぼやってない。蘇るのはだいたい稽古場でネタの練習、喫茶店で台本を書く作業、下北沢でバナナマンとコントの話をする、矢作さんに連れていってもらった居酒屋で「今後こんなことをやっていきたい」と語りながら朝まで飲んでいる、こんなのしか浮かんでこない。

でも何も後悔はしていない。

そういうキラキラした20代は来世の自分に任せて、現世の自分は「俺の20代、これで良かったんだ」と胸を張って言いたい。

ここからは芸人を辞め作家としてさまざまな芸人たちと交流をしていく中で生まれたユニットコントライブを軸にテレビやラジオの仕事に関わっていく話をする。

だがその前に僕のユニットコントライブに対する考え方を知ってもらいたい。

最近の若手芸人さんは、フットワーク軽く色々ユニットコントライブをやっている。お笑いライブ専門のイベント会社があったり、各自芸人も自分で企画したイベントを開催することにも慣れてきたからかもしれない。

自分の経験則から思うのは「とりあえずやってみました」というユニットコントライブはあまりやらないほうがいい。「このユニットは何をコンセプトにしてやっているのか?」が明確でないのなら、ユニットなどやらず、各々個人でやっているほうがいい。と言ってもコントを作ることは大変だし、なんならすごくいいコントができた場合、そのライブでしかできずに使い捨てになってしまいもったいない。何よりユニットだとネタを作れる人が数人いるため、ネタ作りで好みが合わなかったり、笑いのスタンスの違いがよりわかってしまい関係性が少し悪くなったりすることもあるからだ。もちろん、今となって思うことなので、20代当時の自分はそんなことはわかっていなかった。

ただユニットをするにあたって当時からブレずに描いていた理想形の状態があった。「ティン・パン・アレー」である。ティン・パン・アレーとは日本音楽界の鉄人、細野晴臣氏が作ったミュージシャンのユニットである。詳しい説明をすると長くなるので、気になる方はウィキペディアで調べてください。簡単に言うと、ミュージシャン、プロデューサー、アレンジャーとして優れた人間で構成されたユニットで、1970年代当時、彼らがバックバンド(もしくはプロデュース)を務める音楽は日本の最先端(のちに日本の音楽のマスターピースになる)だったのであるが、まだ知る人ぞ知る存在だった。数年後、そこに関わった人たちが日本のトップアーティストになっている……そんなティン・パン・アレーのようなコントユニットを作るためには、と当時、心がけていたのはこの3つだった。

1　ユニットメンバーを厳選する(ショボい人とは組まない)

やっている当時はライブシーンにしか知られてないが、のちに「あのメンバーが一緒にユニットコントやってたの⁉」、「すげー！」と伝説になるようにする。

2　できる限りパッケージ化して発売する

のちに伝説として語り継いでもらいやすくするため（今みたいにYouTubeもなかったので）。

3　ビジュアル面と音楽にはこだわる

コントライブにわざわざ足を運んでもらう人に対して、世界観に没入してもらい『私は特別なものを見た』と思わせたい。

これからお話するユニットコントライブ変遷は、この心がけを常に意識しながら作っていったと想像してもらえると幸いだ。

1999年2月
チョコレイトハンター『未来女囚』

［メンバー］　小林賢太郎（ラーメンズ）　豊本明長（アルファルファ）　オークラ

1998年、4回目のライブ『処女－ベストセレクション－』を成功させたバナナマン。そのライブでやったネタ映像にオリジナルコントを収録したファーストビデオ『処女』を発売したり、オリジナル音声コントを収録したCDを発売したりと、バナナマンはコント師としてクリエイティブな活動をしていた。当時全盛だったボキャブラに対するサブカル的な人気も少しずつではあるが出てきていた。僕もそんなバナナマンを手伝いながら、人力舎でコント企画を任されたり、ライブのチラシをデザインしたりと、大したお金はもらえなかったが、芸人時代より夢に近づいてる気がしていた。一方、ラーメンズも2回の単独公演を成功させて、バナナマンに続き、東京若手コント師の顔になっていった。

そんなコバケンとシティボーイズ的なことがやりたいねと話し、共通して仲の良かったアルファルファの豊本と3人で立ち上げたのが、「チョコレイトハンター」という名のコントユニットだった。このユニットでは僕は演者も兼ねていた。

ラーメンズの人気が出てきたと言っても、ボキャブラに出演しているキャブラーの人気に比べたら、天と地ほどの差だ。ましてや、世界観を押し出したコント師は一部のコントマニアにはウケるが、女性人気が少なかった。ちょうど2月に開催されることもあって「チョコレートが欲しい」という願いを込めてこのユニット名にした。コバケンとオークラがネタを書き、コバケンがチラシ＆ポスターのデザイン、オークラが幕間の動画の撮影＆編集をし、豊本が音楽制作をした。

ちなみにこの年、僕はパワーマックに加え、ＶＡＩＯ（ソニーのパソコン）のデスクトップ型を手に入れた。ＶＡＩＯは昨年から発売されてＤＶビデオカメラから映像を取り込み動画編集ができたのだ。それを聞いて、ライブ映像を自分で作るために借金して購入したのだ。YouTuberが溢れる今でこそ当たり前だが、１９９０年代後半に家庭用のパソコンで動画編集ができるのは画期的だった。

ＶＡＩＯを手に入れた僕は「映像編集ができるようになった」といろんな芸人に触れ回った。バナナマンにすり寄った時のように「今はできないけど」というのは隠して。するとすぐにアンジャッシュの単独ライブのオープニング映像の制作を頼まれた。「本当はできない」ということがバレないように、慌てて映像編集の勉強をし、なんとかライブ本番ギリギリに映像を作り上げた。アンジャッシュから「遅い」と怒られ、出来上がった映像もライブを見に来たテレビマンから「まだまだだなー」と言われた。悔しくてそこから猛勉強をして、その後いろんな芸人からオープニング映像を頼まれるようになって、パソコンの借金をなんとか返すことができた。

オークラが動画編集を勉強している間に、豊本もお金がないなりに７万円くらいでＭＴＲ（マルチトラックレコーダー）を購入し、音楽制作を勉強した。とはいえ、１９９９年２月のチョコレイトハンター時点では、僕も豊本も美大で勉強していたコバケンのデザイン能力とは比較にならないくらいお粗末なモノしか作れなかった。

チラシも映像も音楽もライブの骨格ではなく、装飾の部分だ。そこにもそれだけ力を入れたのだから、骨格であるコントの部分はもっと気合が入っていた。コバケンは下北沢の僕の家に泊まりこんで、2人で延々とコントを書いた。腹が減ると僕はトマトパスタを作った。

僕は当時、影響を受けたものをアウトプットしたかったし、コバケンはラーメンズでやらないようなことをやってみたかったのかもしれない。とにかく、アレもやりたい、コレもやりたい、とすべてを盛り込んだ。だから、ちゃんとできたらすごいライブになるはずだった……。

残念ながら、このユニットコントはちゃんとできなかった。

『未来女囚』という、いかにもセンスありげなタイトルを銘打った、このチョコレイトハンターのライブはコント数が15本。それが1つの物語を生み出し、オリジナル音楽と映像が色を添える……はずだったのだが、まず、そのコント作りがギリギリなので、まったく練習ができない。そして音楽作りも映像もとてつもなくレベルが低い。さらに言うなら小道具作りなどの美術、舞台監督、制作スタッフ、すべて3人でやろうとしたからまるで人手が足りない。こんな状況でまともなものができるはずもない。台本なんて半分以上、覚えてない状況でライブは幕を開けた。

正直、当日のことは記憶にない。人間、あまりにもひどい体験をすると、脳が勝手に記憶を消去してくれると聞いたが、どうやらそれは本当らしい。人間の体は便利にできている。

それが、このチョコレイトハンターの思い出だ。

もしかしたらこの時、いろんなことを盛り込もうとしすぎて上手くいかなかった経験から、ラーメンズはこの4ヶ月後に行った第3回単独公演『箱よさらば』で無駄なものをすべてそぎ落としたのかもしれない……(予想)。

この『未来女囚』の台本は今も持っている。冷静にその台本を読み返したら結構面白い内容だったのでもったいないと思い、その中の1本「名探偵マーベリック」という非常にバカバカしくナンセンスなコントを「名探偵フレッド」というタイトルに変え、2011年、東京03の単独公演『燥ぐ、驕る、暴く』の本編終了後のおまけ公演で再演した。ほぼすべてソフト化されていないので、この先チャンスがあったら再演していきたいと思う。

1999年4月『FULL CHAMPION STYLES』

［メンバー］　バナナマン　ＹＯＵ

悪夢のチョコレイトハンター第1回公演から2ヶ月後、それとは比べものにならない規模と注目度の高いユニットコントライブが開催された。

それがこの『FULL CHAMPION STYLES』である。『ダウンタウンのごっつええ感じ』でダウンタウンと一緒にコントをやって、伝説のコントユニット「ラジカル・ガジベリ・ビンバシステム」に出演していたＹＯＵさんが、「最近バナナマンって面白い若手がいるから一緒にやりたい」のひと声でこのユニットは結成された。しかも、開催場所はラジカル・ガジベリ・ビンバシステムが公演をしていたラフォーレ原宿。小さなライブハウスで若手とやるライブと違い、ＹＯＵさんが出演することで業界も注目するコントライブを作れる……というチャンスをいただいた。

2ヶ月前の悲劇（自分たちが悪いのだが）をここで繰り返すわけにはいかない。

チョコレイトハンターを公演したシアターDは定員100人。しかし、『FULL CHAMPION STYLES』は1公演400人を3公演、計1200人。これまでやってきたライブとは規模が違う。注目度から考えても失敗なんてありえなかった。しかし、このライブの演出は設楽統である。

設楽さんという男は地に足がついていて、冷静に先を見据えている。失敗する可能性があるものを選択しない。なにせ、設楽さんはこのライブ中にYOUさんが書いてきたコントをボツにしたのだ。いくらバナナマンがライブのカリスマとはいえ、まだまだ売れない若手芸人。一方YOUさんはめちゃくちゃ売れっ子。普通の若手芸人ならそれがどんなコントでも気を遣って採用するものだ。ライブ成功のためならどんなドライな決断も下す。それが演出家、設楽統だ。これにはYOUさんも相当驚いたらしく、いまだに設楽さんを前にすると恨み節のようにこのエピソードを話す。

そんな設楽演出なら「失敗」はない。僕は自分が面白いと思うコントを書いては設楽さんにあてた。鬼のような数のコントを書き、鬼のようにボツになった。設楽コント塾の下、コント筋肉はモリモリ鍛え上げられていった。この頃から自分流のシチューションコントの書き方が見え出し、コント作りがさらに楽しくなっていったと思う。

結果、いくつかコントが採用されてライブの評判もめちゃくちゃ良かった。ＹＯＵさんつながりでライブを見に来ていたナイロン１００℃のケラリーノ・サンドロヴィッチさんにも「面白かった」と言ってもらえた。自分に影響を与えてくれたサブカル界の巨人にそう言ってもらえたことは忘れられない。この時は映像編集も勉強しなおしていたので設楽さんに気に入ってもらい、以降バナナマンライブのオープニング映像を一任されるようになった。

ちなみに、ＹＯＵさんはどこの誰だかよくわからない小僧作家の僕にもすごく優しく、質問すると当時のラジカルのことも詳しく教えてくれた。僕が作家の三木聡さんに憧れていると言うとＹＯＵさんは「オークラ君ならなれるよ」と笑顔で言ってくれた。一瞬にして惚れてしまった。あの人が今もこの芸能界で活躍している理由はここにあると思っている。

余談だが、このライブには僕の初舞台での大スベリを見た中学の同級生3人が来てくれた。バナナマンとYOUさんのお陰で名誉挽回することができたのだが、同級生の1人がライブ終わりの僕のところへ来て、

「良君（僕）は頑張っているね。俺は全然ダメだよ。もっとちゃんと将来を考えないとってマジで思ったよ。だから、今の会社辞めて群馬に戻るよ」

と言ったのだ。「いやいやいや！　そんな決心知らないから！　こっちはライブ後で今いい気分なんだけど！　その気分のまま打ち上げ行きたいんだけどー！」と思ったが、そんなこと言えるはずもなく「応援してるよ」という言葉を伝えた。

ラフォーレ原宿というきらびやかな場所で、学生の頃からテレビで見ていたYOUさんたちとコントライブができる……それはとても輝いているように見えるかもしれないが、実際はそんなことはなかった。

将来をちゃんと考えてないのはこっちの方だった。

コントライブをしたところでお金なんか微々たるもの。パソコンとか色々投資して4万円の家賃が払えない。しかも、この時大学を辞めたばかりで親にも頼れない。コント

ライブをやれている充実感で現実を受け止めていないだけだった。

ライブが終わった数日後、「今からマックに来てよ。ハンコも持ってきて！」と設楽さんに呼び出された。呼び出しはいつものことだが「ハンコを持ってきて」というのは初めてである。なんだろう？　とは思いつつも、とりあえず言われたとおりハンコを持って、下北沢駅前のマクドナルドへ向かった。店に着くと設楽さんは僕に1枚の紙を見せた。それは婚姻届だった。

「結婚するから、証人になって」

設楽さんには19歳の時から付き合っている彼女がいて、ライブが終わった5日後の1999年4月23日、自身の26歳の誕生日に結婚をした。同世代の芸人たちがまだまだ遊びまくっている中、誰よりも早く身を固める決心をしたのだ。僕は婚姻届にハンコを押しながら、こう思った。

「設楽さんという男は、やっぱり地に足がついていて、冷静に先を見据えている」

番長の笑い、マッコイ斉藤

設楽さんは結婚をきっかけに、下北沢を出て別の場所に住むようになった。下北沢に1人残った僕は「ちゃんと将来を考えないと」とマジで思いはじめた。

ちゃんとした将来のために何が一番必要なのか？　それはお金である。お金がなければ生活ができない。と言ってもいくらライブでコントを作っても、チラシデザインしても、ライブ映像を作っても、肝心なライブ自体がお金にならないので僕のところにお金が入ってくるわけがない。どうすれば金をもらえるのか？　そのためには「放送作家」になるしかなかった。

僕らが若い頃は、舞台でコントを書いている作家は、テレビからまだお呼びがかからない売れていない若手放送作家として見られていた（もしかしたら今も似たようなものなのかもしれないが）。夢は「カルチャーが融合するコントライブ」だが、お金のためには放送作家をしなければならない。面白そうなテレビ番組ならやってみたいけど、そうじゃない番組ならやりたくない。っていうかそもそもどうやればテレビ番組に関われるかもわからない。知り合いの人なんてほとんどいない。

そんなことを考えていたある日、矢作さんが「俺の知り合いのテレビディレクターから、オークラを紹介して欲しいって言われたんだけど、どうする？」と言ってきた。なんでも矢作さんは『FULL CHAMPION STYLES』を知り合いのディレクターと一緒に見に来てくれて、そのディレクターがライブをえらく気に入り僕に興味を持ってくれたらしい。

ただ、おぎやはぎはまだ人力舎に入ったばっかりの無名の若手芸人。そんなヤツの知り合いのディレクターなんて絶対に大したヤツじゃないと思った。しかし、矢作さんはこう言った。

「その人、浩次君と友達で天才ディレクターなんだよ」

浩次君とは極楽とんぼの加藤浩次さんのことである。1999年、めちゃイケは伝統あるフジテレビ土曜夜8時で、新時代のバラエティ番組として勢いに乗っており、極楽とんぼはナインティナインと共にめちゃイケの中心人物で、僕はダウンタウン、ウッチャンナンチャンに続く日本のお笑い界を支える芸人はこの人たちだと思っていた。

無名の若手芸人のくせに、フジテレビ土8のレギュラーの極楽とんぼ加藤さんを「浩次君」呼ばわりするおぎやはぎに人力舎の誰もが驚いた。理由を聞くと「行きつけのバーで知り合って遊び仲間になった」と言われた。そんなわけないだろう、とは思ったが、それもあり得るんだろうなと思わせるのが人付き合いの天才、矢作さんだ。

とにかく、加藤浩次さんという名前で、一気に天才ディレクターという触れ込みに信ぴょう性が出て、僕は矢作さんに「是非とも紹介してください」とお願いした。その天才ディレクターというのが、マッコイ斉藤さんだった。マッコイさんは僕より4つ上で、のちに深夜バラエティ番長と呼ばれ、『とんねるずのみなさんのおかげでした』の演出も務め、今ではYouTubeで『貴ちゃんねるず』を半分演者も兼ねて行うなど、バラエティ界の重鎮として有名な人である。

1999年の夏、初対面となる日、マッコイさんはとんでもなくいかついアメ車でやって来た。ガタイもよく、サングラスをかけてライダースを羽織る姿はもうロサンゼルスのギャングにしか見えなかった。

会ってすぐ僕たちは、マッコイさんのいかつい車で移動することになった。

「この前バナナマンとYOUさんのライブを見て、俺もライブやりたくなっちゃんだよねー」

運転しながらマッコイさんはそう言った。特に具体的な計画があるわけではなく、ただやりたいと思ったから僕を紹介してくれと矢作さんに頼んだのだ。それからマッコイさんは終始くだらないことや、自分の気に入ったフレーズを連呼したり、下ネタを言ったりして、自分で爆笑していた。僕はハッとした。これは「番長の笑い」だ。

番長の笑いとは、そのグループの中心人物が生み出す笑いのことで、理屈などではなく、その人が面白いと思うノリやフレーズで周りを困惑させながらも、次第にその人のペースに巻き込んでいく笑いのことである。明るい不良グループの中心人物にそういう人が多いから「番長の笑い」と僕が勝手に命名した。

マズい。番長の笑いは僕らクラスの隅っこでコソコソしていたお笑い自意識過剰タイプの一番の天敵なのである。番長の笑いの使い手にとって「ケンカの強い弱い」は笑いの重要なファクターであり、彼らに弱いと思われると一気にイジられてしまう。僕らのようなクラスで二軍のお笑い自意識過剰タイプは大体ケンカが弱い。

僕を「ケンカが弱い側の人間だ」と一瞬にして見切ったマッコイさんは、道路の途中で僕を車から蹴り落とそうとした（実際に落とすわけではなく、そういうイジり）。完全にイジる側とイジられる側の構図ができてしまい、会って１日で僕らの関係性は決まったのだった。

それから数週間後、マッコイさんから「今から吉本本社に来れない？」と用件も言わずに呼びつけられた。特に用もなかったし、上下関係ももう決まっていたので僕には断るなんて選択はなく速攻で駆け付けた。マッコイさんは僕をとある会議室に連れて行き、「ガレッジセールという芸人の深夜番組をやるからお前も一緒にやれ！」と言ってきたのだ。この深夜番組が僕が放送作家として初めて参加した『SURESURE ガレッジセール』という番組だった。この番組は１９９９年の10月にスタートし、マッコイさんは30歳、僕は26歳だった。

毎週の会議で作家は企画を提出するのだが、僕は昔からコント番組は好きだったが、バラエティ番組は嫌いではないがそこそこくらいだった（普通の人に比べればかなり好きだと思うが、コント番組が飛びぬけて好きだった）。なのでバラエティ番組の企画をよくわかっておらず、急に「一緒にやれ」と言われてかなり困惑した。

マッコイさんは、クレイジーだが企画のタイトルを聞いただけで何をやるのかわかる本能的でシンプルな企画を好んだ。たとえば当時、ガレッジセールは非常にフィジカルの強い芸人で体を動かすことに特化していた。なのでそのフィジカルさを前面に押し出した「全国の暴走族とガレッジセールが戦う」という企画などを打ち出していた。

一方、僕は「山奥にエロ寺という、エロスを追及する謎の寺があってそれを番組が取材する」みたいな自分の世界観をぶつける企画案ばかりを出していた。しかし、マッコイさんはそれを否定せず「面白い」と笑ってくれていた。もちろん採用こそされなかったが。

ある日、外国人女性にカンペで指示を出しガレッジセールに失礼な面白フレーズを言わせるというロケコントをしたのだが、こういう時はいかに演者を笑わせるかが大事で、僕はかなり食ったフレーズをカンペに書いて指示を出した。しかし、それを見たマッコイさんは「違う！」と言ってカンペを取り上げ自ら書いてカンペを出した。そこに書かれていたのはたったひと言「バカ」だけであった。これはいまだに忘れられない。多くの人に見せるバラエティにおいて、いかにシンプルですぐに伝わる笑いが大切なのか、この時気づくことができた。教室の隅でコソコソやっている人間は自分の世界観の中では強いが、大勢の人に伝えなければならないとなると途端に弱くなる。おそらく学生時代に学校の人気者であったであろうマッコイさんの下でバラエティ番組を作ることで僕は「多くの人にシンプルに笑いを伝える」ということを学んだ。マッコイさんの笑いは「番長の笑い」だが、そのノリもフレーズもド級に面白い。矢作さんが言った天才ディレクターという言葉は本当だった。のちにマッコイさんが日本一の部室芸・とんねるずと笑いでシンクロしたのは今考えたら当然なのかもしれない。

この番組ではのちに自分に影響を与えてくれる人にたくさん出会った。

演出のマッコイさんが30歳ということもあって、比較的、若い人間で番組が作られて、チーフ作家は石原健次さんで、この頃に芸人を辞めて放送作家になったばかりだった（吉本興業所属のインパクトというトリオで、極楽とんぼの加藤さんの薦めで作家になった）。テレビで面白いものを作るという覚悟がハンパなく、マッコイさんに言われて適当に放送作家になった僕は本当によく怒られた。石原さんはまたたく間に放送作家として駆け上がっていき、今や大放送作家だ。僕に「面白いものを作る覚悟」と「人間としての礼儀」を教えてくれた人で、今でも何か悩みごとがあると相談に乗ってもらっている。

そして今、日本のオモシロ番組のほとんどに関わっているのでは？　という放送作家の大井洋一君もほぼこの番組がテレビデビューだった。放送作家界イチのイケメン（僕がそう思っている）であり、格闘家でもある。そんなヤツは普通面白くないのだが、面白い企画を出しまくる男で、若い時はよく嫉妬した。大井君とはテレビデビューから10年以上何かしらの番組でずっと一緒になったので、4つ年下だが同志だと思っている。マッコイさんの事務所で誰もいない時、AVを見つけて2人で順にオナニーをしたのがマッコイさんにバレてブチ切れられ、正座で説教を受けたのも同志ならではの思い出だ。

1999年12月『おぎやはぎ＋3』

［メンバー］　おぎやはぎ　飯塚悟志（アルファルファ）　小林賢太郎（ラーメンズ）　山崎弘也（アンタッチャブル）

マッコイさんのもと放送作家として走り出した頃、人力舎の芸人たちに少しずつ変化がやってきた。

1999年、NHKで『爆笑オンエアバトル』というネタ番組がはじまった。この番組は観覧審査員（客）の投票でオンエアが決まる「史上最もシビアなネタ番組」というキャッチコピーどおり、ガチで芸人にシビアな番組だった。オンバトは爆発的ネタブームを巻き起こしたわけではないが、その出現による影響とボキャブラブームの終焉も伴い、お笑いライブがネタ好きな客たちで賑わい出していた。オンバトに出演していたアンジャッシュ、アンタッチャブル、ドランクドラゴンたちは少しずつ人気が出て忙しくなっていった。彼らはユニットコント企画「オークラ企画」のメインメンバーであったため、やむなくオークラ企画は新たなメンバーでリニューアルせざるをえなくなった。そのメインメンバーになったのが、おぎやはぎだった。

この頃になると、人力舎で「精神革命」を起こし、マッコイさんも紹介してくれた矢作さんのことを、僕は後輩なのに兄貴のように慕っていた（もちろん小木さんのことも）。矢作さんはとにかく人を褒めるのが上手で、おそらく僕を「天才」と一番多く言ってくれたのは矢作さんだと思う。「お前は天才なんだから、お前の書いたコントがやりたい」。そうやって人をのせ、いつの間にかおぎやはぎのためにコントを書かされる。矢作さんは本当に人使いの天才だ。日本の歴史の中でも屈指の人たらしと言われた豊臣秀吉もこんな人間だったのではないだろうか？

オークラ企画はユニットなので、おぎやはぎのほかにもメンバーを入れなければならない。人力舎の中でおぎやはぎと相性がよく、かつそんなに忙しくない芸人を探したがこれという人は誰もいなかった。

「飯塚さんがいいんじゃない？」

矢作さんがそう言った。飯塚さん？　僕はあり得ないと思った。数年前、「話しかけんなよ！　オメーなんか興味ねぇーんだよ！」と言われて以来、飯塚さんとはまともに口をきいていない。おまけに僕は、その当時のライブ芸人がみんなやっているお決まりのフォーマットを踏襲しているだけのアルファアルファのコントに興味がなく、飯塚さんのツッコミに魅力を感じていなかった。しかし、常に物事をフラットに見る矢作さんは、アルファアルファのネタのフォーマットよりも飯塚さんのツッコミそのものを見て「飯塚さんのツッコミっていいじゃん。オークラ企画入れようよ」と僕に言ってきたのだ。大好きな人間が評価すると急に見方が変わる。世の中そんなものである。改めて飯塚さんのツッコミを冷静に見てハッとした。感情がこもっていたのである。当時流行っていた言葉数の多いテクニカルなツッコミとは違い、一見シンプルだが、端的にその時の心情を表現し、感情がこもっているから飯塚さんの演じる役の気持ちがするりと伝わってくるのだ。

このツッコミをおぎやはぎと掛け合わせたら面白いのでは？

おぎやはぎのネタは、小木さんのボケに対して、矢作さんが受け入れつつも諭すようなツッコミを入れる。使い方によってはむちゃくちゃなことを言うボケに乗っかるボケにも変化する。そんな2人に振り回される「ツッコミ飯塚」を組み合わせれば、より破壊力のあるコントが生み出せるはず。そう思うと、ネガティブな感情より「試してみたい」が上回っていた。

僕は飯塚さんをオークラ企画に誘った。

飯塚さんは喜んで応じてくれた。誰よりも尖っていた飯塚さんも「矢作さんの精神革命」によって人当たりが良くなっていたのだ。こうして「おぎやはぎ＋飯塚」のオークラ企画がスタートし、コントは狙いどおりうまく行き、客の反応も良かった。以来、ライブ終わりには矢作、飯塚、オークラで飲みに行くようになり、自意識が高いもの同士、飯塚さんとは急速に仲良くなっていった。

この「おぎやはぎ＋飯塚」を発展させたのが、ユニットライブ『おぎやはぎ＋3』であった。おぎやはぎと飯塚、ザキヤマ、コバケンという3人の客演（客演3人は絡むことなく、「おぎやはぎと1名」の3人でのコントスタイルで客演が交代していく）で行ったこのコントライブは、個人的には大満足で、この先自分が行うユニットライブのひな型になった。映像化はされていないが、台本はとってあるのでチャンスがあればどこかで再演してみたいものである。

ちなみに、このユニットライブにはもう1つ思い出があって、ネタを書きはじめて一週間で当時付き合っていた彼女にフラれ、一切ネタが書けなくなってしまい、矢作さんの前でウダウダと愚痴を聞いてもらったのだが、しばらくして矢作さんに「今日まではお前の愚痴を聞いてやる！　しかし、明日からは一切聞かない！　俺たちはお前のネタを待っているんだ！」と言われたことをきっかけに気持ちを入れ替えて、ネタを書きはじめたのだ。今考えると「代わりに俺がネタを書く」という考えには一切行かず「それでもお前が書け！」と持って行くあたり、やっぱり矢作さんは人使いの天才だ。

2000年8月『おぎやはぎづかじ』

［メンバー］　おぎやはぎ　飯塚悟志（アルファルファ）　塚地武雅（ドランクドラゴン）

当時のおぎやはぎのマネージャーに頼まれて、とある劇場で3日間イベントをするので「そのうち1日をオークラさんで好きなことやってください」と急遽やったのがこのユニットライブだ。メンバーは「おぎやはぎ＋飯塚」にドランクドラゴンの塚っちゃんを入れてやることになった。

急遽だったため、僕だけではなく矢作、塚地、飯塚とネタの書ける3人に1本ずつコントを書いてとお願いをした。ネタの締め切り当日、矢作さんと塚っちゃんはめちゃくちゃ面白いコントを仕上げてきてくれたが、飯塚さんだけはコントを持ってこなかった。「言ったことはちゃんとやってくれよ！」その時、僕は結構な勢いで飯塚さんにキレた。「いやー全然思いつかなくって……」。飯塚さんはすまなさそうにそうつぶやいた。この時の飯塚さんはかなり自信を失っていた。

先述したが、飯塚さんは長らくスランプに陥っていた。自分たちの個性をネタに昇華できていたアンジャッシュ、アンタッチャブル、ドランクドラゴン、おぎやはぎたちは、オンエアバトルの影響もあって人気はグングンと上がっていき（とはいえ、世間一般から見たらまだ売れているとは言えないが）、アルファアルファとの差はつく一方だった。アルファアルファもウケてはいたが、自分たちの個性は相変わらず見つけられず苦しんでいた。みんなのお兄ちゃん矢作さんからも「このままじゃアルファアルファは売れないよ」と言われ、お笑い自意識が僕以上に高かった飯塚さんの精神はかなり落ちまくっていた。飯塚さんに発破をかけるつもりでキレたのだが、逆効果だったのかもしれない。

飯塚さんの気持ちは奮い立たず、結局、このライブで飯塚さんはコントを書くことがなかった。そんなことがありながらも、このライブはかなり評判も良く、11月に別の場所で再演をした。

2000年10月
『setagaya genico』

［メンバー］　バナナマン　ラーメンズ

オンエアバトルという番組は、その番組自体が爆発的ブームを起こしたわけではないが、2000年代に起きる若手芸人ブームの礎となった。ボキャブラブームの波に乗れず、メディアに注目されないながらも劇場で淡々とネタを磨き続けた若手芸人（のネタ）が世の中に注目されるきっかけを作り、その後、2001年に『M－1グランプリ』がスタートして、2003年に『エンタの神様』、2007年に『爆笑レッドカーペット』とつながっていった。

オンバトは客前で芸人がネタを披露し、面白いと思われたネタがオンエアされるというシステムをとるため「ボケとツッコミがハッキリしている」、「笑いどころが明確」というネタのオンエア率が高かった。そんな中、ラーメンズはほかの芸人とは一線を画し、単純なボケとツッコミだけではなく、ネタごとに笑わせるシステムを変え、ともすれば笑いどころがハッキリしていなかったが、それが「アート」と評され、高いオンエア率で注目され、あれよあれよとカリスマ的人気を誇るようになった。

一方、バナナマンはデビュー以来「コントの天才」として、1999年に行われたYOUさんとの『FULL CHAMPION STYLES』も高評価を得て、テレビ的な活躍はなかったが、ライブシーンでは絶大な支持を受けていた。2000年1月にはラーメンズの単独公演『home』とバナナマン単独ライブ『激ミルク』が同じ日程で開催され、「単独ライブ頂上決戦」と一部の芸人ファンの間で話題になった（私の中では）。話題になってなかったとしても、当時はバナナマンの手伝いをしながら、コバケンと「チョコレイトハンター」を組んでいた僕にしたら「どっちのライブが評判がいいのか？」は気になりまくり、当時まだそんな言葉がなかったがエゴサーチをしまくった記憶がある。

ともあれ、そんなライブシーンで人気を誇る2組のコント師がユニットコントライブをする……それを発表すると、当時の若手芸人界隈、そして、当時まだ出来たての電子掲示板2ちゃんねるの書き込みの中では盛り上がりを見せた。2年前の片桐宅での初顔合わせ以来、コンビ同士の交流が生まれ、設楽さんの発案でこのユニットは生まれた。

「今夜、ラーメンズと顔合わせするんだけど、オークラ来れる?」

設楽さんからいきなり電話がかかってきた。ついにこの2組でユニットコントをするのか……と僕は身震いをした。実はその夜、昨年末の『おぎやはぎ+3』の時にフラれた彼女と会う約束をしていた。ヨリが戻りそうな雰囲気だった。しかし、僕はその約束をキャンセルし、バナナマンとラーメンズの顔合わせに泣きながら参加した。

genico(ジェニコ)と名づけられたそのユニットは、設楽統、小林賢太郎、そして僕。それぞれがコントを持ち寄り、みんなで話し合いどのコントにするか決めていくという合議制で作られていった。

しかし、当時のバナナマンとラーメンズは若手お笑いシーンの最先端、ハッキリ言って超尖がりまくり。もちろん2組ともオラオラ系の人はいないので直接的な口論にはならないが、ハッキリとは言わないまでも「俺の言ってる方が面白くない?」という空気は漂っていた。設楽統とその子分オークラVS小林賢太郎という図式である。正直、バナナマンもラーメンズもどっちもネタは面白い。こういう時はハッキリとした演出を1人決めて、その演出家の独断で決めていけば話は簡単なのだが、なんとなく合議制になってしまった。その結果、先輩である設楽さんが一応、演出の決定権を持つ形でふんわりと進んでいた。とはいえ出来上がったそのライブは面白かった。

残念ながらこのライブはパッケージとして残されていないが、当時CSで放送されたその同録を誰かよくわからない人がYouTubeにアップしている。あまりよくないことだが、見ようと思えば見ることはできる。個人的には「バナナマンライブの世界観にラーメンズが参加」という感じだろうか。

1999年〜2000年12月 チョコレイトハンター(5人制)

［メンバー］ ラーメンズ アルファルファ オークラ

第1回は想像以上にボロボロの結果を残したので、このままでは終われないと「相方も入れて再結成しよう！　っていうか、コンビバラバラでやる意味がわからない」ということで再結成したのが新制チョコレイトハンターである。

当初はシティボーイズのような大作のコントライブを目指していたが、この時、小林賢太郎と僕の仕事が忙しくなりはじめていた。コバケンはラーメンズでの仕事が、僕は放送作家としてテレビ番組の構成の仕事がちょいちょい入り出し、そのほかにコントライブの制作もあった。そうなってくると、チョコレイトハンターはすべての力を結集した大作を発表する場というより自分たちのライブではやれないような遊びネタを披露する場という色合いが濃くなった。

そこでコバケンはチョコレイトハンターを「今世紀最後にして最低のアイドル芸人」と称し、黒いロングコートを身にまとった5人組としてパッケージ化し、メンバー名もそれぞれAKIRA（コバケン）、BARBARA（片桐仁）、BOB（飯塚悟志）、KEITH（豊本明長）、UHLON（オークラ）とキャラ付けし、これはあくまでも遊びのコントなんですよ感を打ち出した。

こういうパッケージ作りがコバケンは本当に上手だと思うし勉強になった。

5人組となったチョコレイトハンターは、色々なイベントに呼ばれ、それ用のコントを作って演じた。2000年6月には4日間すべて内容の異なる『THE REMIX 4DAYS』という公演をやり、その年の12月には『THE FINAL HIGH TENSION BUS』という公演で一応「今世紀最後にして最低のアイドル芸人」というキャッチフレーズに従い解散した。所詮遊びのコントなので飽きたら終わったという感じだ。

とは言っても僕は「遊びのコント」と「本気のコント」の差別が上手くできず、まあまあ本気のコントを書いていた。『THE REMIX 4DAYS』の時、「小林賢太郎DAY」と「オークラDAY」という、名前が冠せられた人が作演出をする公演が1日ずつあった。その両日を見た客のアンケートに「小林さんの作品はキリッと軽い白ワイン、オークラさんのはちょっと重めな赤ワイン……私は白ワインが好き」と書かれたものがあった。こういうところが俺のモテないところなんだろうなあと妙に納得した記憶がある。

ちなみに「オークラDAY」で書いたコントで個人的に気に入ってるものがある。「世間を偽る仮の姿」というコントなのだが、飯塚さんもこのコントを気に入ってくれて、2011年の『ザ・ドリームマッチ』で東京03とサンドウィッチマンの伊達君が組んだ時にやったネタがこのネタを元にしたものだ。その後、さらにそのネタをパッケージとして残しておきたくなり、2021年の東京03の第23回単独公演『ヤな因果』の特別公演で、おぎやはぎとラバーガールの大水君で再演した。これはBlu-rayやDVDとして発売するので、興味のある方は是非ご覧ください。

2001年〜2002年

『君の席』

［メンバー］　バナナマン　おぎやはぎ　ラーメンズ

20代の頃に行ったユニットライブで若い人たちから「見ました」と言われるのが圧倒的に多いのがバナナマン、おぎやはぎ、ラーメンズのコントユニット『君の席』である。パッケージ化されていて、いつでも見れるというのが大きいのかもしれないが、なによりユニットライブとして、それぞれのコンビの個性がバランスよく出ながら、このユニット特有の世界観が生まれたのが一番の理由だと思っている。ぶっちゃけた話、芸人のユニットライブは、個々の単独ライブよりクオリティが下がることが多い。「面白い人×面白い人」のマッチメイクが何倍にも膨れ上がり面白くなるとは限らない。それぞれがエゴを出したり、逆に遠慮したりして「結局、何がしたかったの？」となりがちだからだ。

個人的にいいコントライブとはコントごとの世界観にブレがなくテーマがしっかりしているものだと思っている。無料で見れるお笑いがたくさんある世の中で、わざわざお金を払って、時には外出してコントライブを見に来てくれるお客さんがいるのはその世界観が好きだからが大きい。個々の単独ライブだとそれが打ち出しやすいが、ユニットライブだと期待以上の世界を生みだすことが難しい。

『君の席』はそんなユニットライブの中でも奇跡的にバランスがとれ、特有の世界観を非常にいい形で生み出したまれな例の１つなのだが、その制作過程はそれぞれのエゴがうごめくとてもバランスの悪いユニットライブだった。

２０００年初頭「日本テレビで若手芸人を使ったコント番組がはじまるので作家として参加しませんか？」と誘いが来た。番組名は『ウラ日テレ』。メンバーは当時ライブシーンで活躍していた若手芸人たちだったが、その中にこの3組はいた。番組は日テレの人気番組をコントでパロディするというちょっと番宣要素も含んだ内容だったのだが、若手芸人だけでテレビでコント番組ができるとあって「絶対に面白いものを作ってやる！」と参加者全員、肩を回しながら番組に臨んだ……が、制作は想像以上に困難を極めた。

まず参加した芸人がライブでは面白いと言われていたが、テレビコントの経験がない。制作陣も若手だけで、ほぼコントを作ったことがない。満足のいく面白いコントなど生まれることはなく「楽しい現場だった」という記憶はほとんどない。それ以降、ラーメンズがテレビにあまり出演しなくなったのは、この時の体験がそうさせたのでは？ と思っている。

しかし、このような集団の中でも同志は生まれる。僕は、この番組でディレクターを務めた日本テレビの安島さんという人と急速に仲良くなっていった。安島さんは僕と同い年の1973年生まれで、いつも笑顔で穏やかに人と接するのだが、心の中に「俺が一番面白いものを撮る」という化け物を飼っている人だった。僕も「俺が一番面白いコントを作る」というモンスターを飼っていたので似た者同士だったかもしれない。唯一違うのは安島さんは長身でイケメン、僕はその真逆だというくらいだ。当時は夜な夜な酒を飲みながら「俺たちはもっと面白いことができる」と、夢という名の愚痴を語っていた。そんな愚痴がバレたのかどうかは知らないが、ある日安島さんは制作から営業へ移動することになり番組を離れることになる。同志を失った僕。番組制作したいのに営業へ行ってしまった安島さん。そんな不満が頂点に達した2人は、再び出会い（ただ飲みに行って）1つの企画を構想する……それが『君の席』だった。これは番組制作ではなく映像コンテンツを立ち上げて、それがイベント（ライブ）に帰結するという営業部の企画として立ち上げたのだ。

『君の席』という名の由来は、泉谷しげるさんの曲名からとったもので「かっこよく負けるよりみっともなくとも勝たなきゃ　敵はいつだってその手なんだ　その手でやってくる」という歌詞が好きで、この企画と思想がリンクしたような気がして名づけた。

メンバーは東京若手コントライブ界では2大カリスマとなっていたバナナマンとラーメンズ、そして、ネタは面白くライブシーンでは頭角を現してきたが、特に実績もないおぎやはぎだった。設楽さんは人と群れることを嫌うタイプで、なかなか心を開かない。

しかし、矢作さんは人の心に入り込む天才で、僕が設楽さんに紹介するやいなや矢作さんのことを好きになり「おぎやはぎと一緒になんかやりたいなー」と言うようになっていた。さすがお笑い界の豊臣秀吉。こうして『君の席』という企画はスタートした。

『君の席』は、のちのライブに向けて、まずは3本の映像コンテンツを制作し発売した。僕や演者が考えて、安島さんが撮影、編集する。見直すとイキがった若手の攻めた映像ネタという感もあるが、今に通じる原石を感じて微笑ましいものがある。ちなみに安島さんは自腹で100万円くらいの映像機材を購入してくれた。本当におんぶに抱っこだった。2001年に『君の席vol.1、2、3』という3本のビデオとDVDを発売し、いよいよこの3組の真骨頂であるコントライブのネタ作りがはじまった。が、ここで大きな問題が起きる。

それはgenico同様、設楽、小林、オークラの3人が持ち寄ったネタで、誰がイニシアティブを取るか……ではなく、ラーメンズが超絶に忙しいという問題だった。少し前から、小林賢太郎はテレビのバラエティタレントとしての活動は一切やめて、舞台のコント師として生きていく覚悟を決めたようだった。そのため、ラーメンズの単独公演を興業として成立させるように動きはじめていた。『ライヴ!!君の席』は2002年の3月2、3日に行ったのだが、約1ヶ月前までラーメンズは単独公演を行っていて、さらに『君の席』の10日後、3月12日からラーメンズの特別公演、さらにその2週間後には新作のラーメンズ単独公演が控えていた。もう『君の席』どころではなかっただろうし、事実、本当にあの時のコバケンは疲れ切って、顔色も悪かったように思える。安島さんともコバケンとも相談して、このライブは僕と設楽さんでほぼネタを書くことになった。

その結果、コンビが持つ必勝パターンに頼ることなく、話のしっかりした脚本が仕上がった。設楽さんとコバケンがバイプレーヤーに徹して、コントの筋道を作る。日村、片桐、小木というモンスターたちは、自分たちの単独ライブほどキャラ押しはしないまでも、物語のポイントポイントで前に出て、稽古場でもみんなの緩和剤となった矢作さんが話を引っかき回すおいしい役として活躍した。出来上がった作品は何年もやってきて熟成したコントユニットのようなチームワークと美しい世界観があった。ライブのカーテンコールで3組が並んで頭を下げた瞬間を見た時、僕は「自分が憧れたシティボーイズ（とラジカル・ガジベリビンバ・システム）に並ぶユニットが今、誕生した！」と身震いした。

しかし、この3組でのユニットライブはこれきりだった。

3週間後、ラーメンズは『CHERRY BLOSSOM FRONT345』という素晴らしい単独ライブを行い、バナナマンは7月に『ペポカボチャ』というこれまた素晴らしい単独ライブを行った。おぎやはぎは2年連続で『M－1グランプリ』の決勝に進出し、テレビの露出がどんどん増えていった。まあ、この天才たちと奇跡的な饗宴ができただけでもよしとしなければならない。ちなみに安島さんはいまだに『たりないふたり』の演出を行ったり、まだまだ心の中にモンスターを飼っている。

『ライヴ!!君の席』終演後、楽屋に飯塚さんがやってきた。今や仲間でもある飯塚さんがこの公演を見に来ることにはなんの違和感もなかったが、その飯塚さんが連れてきた男には違和感を感じた。プラスドライバーの角田である。プラスドライバーといえば、何度も申し訳ないが「ダサいコントをする芸人」という認識だった。なので角ちゃんが楽屋に来た時「こういうライブに興味あるのかな？」と思った記憶がある。この2ヶ月後、プラスドライバーは結成7年目にして活動を休止する。ただ僕にとってそれは「あまり関係のない芸人の解散」という認識だった。

2001年〜2002年
東京ヌード

［メンバー］　おぎやはぎ　ドランクドラゴン　アルファルファ

1997年の『バカ爆走inシアターD』のオークラ企画からはじまった人力舎芸人とのユニットコントの最終形態がこの『東京ヌード』だった。さまざまなユニットコント公演を繰り返すうちに「コンセプトを持ったコントユニット集団」と認知されはじめ、公演をやるごとにライブの規模が大きくなっていった。理想とすべきものにはまだまだ及ばないが、確実に階段は登れているような気がした。

「もっとすごいモノを見せたい」

僕はさらに力を入れて舞台を演出するようになっていった。その一方で、放送作家としての仕事がさらに増えはじめていた。それはうれしいことでもあったが、こういった舞台活動に影響を及ぼすようになってきた。

若手作家は基本、自分でスケジュールを決めることはできず、言われた時間に合わせなくてはいけない。自分で時間を調整できず、ライブを演出することはかなりしんどく、さらに20年くらい前のテレビバラエティの現場はバリバリの体育会系の上に、「ライブは下積みの芸人がやるもので、テレビより下」という考え方があった（今でもその考え方は残ってはいるが……）。コントライブで忙しいなどと言おうものなら「そんなことで仕事をおろそかにするな！」と度々怒られた。いや、コントライブだって大事な仕事なんだけど！ と言い返してやりたかったが、体育会系の先輩を前にそんな勇気もなかった。

それに加えて「若手芸人は体を張ってナンボ」の時代だった。『進め！電波少年』のように突然番組プロデューサーが芸人のもとへやってきて「テレビ出たいですか？ 出たかったら今から言うことをやってください」という感じで体を張った企画をやらされる……。もちろんそういう時代だったしそれが悪いとは言わない。別に若手芸人が体を張ることは面白い。電波少年のヒッチハイクは面白くて毎週欠かさず見ていた。激辛料理を食べるのも、無人島から脱出するのもバラエティ企画として面白い。ただ、そういうテレビマンたちは、僕らがやるようなコントライブに対して「何？　格好つけてるの？」とおちょくるようにマウントをとってきた。「芸人が世界観を作ったコントライブをする」＝「芸人のくせに格好つけている」。この考えがはびこっていた。

実際、「バナナマン、おぎやはぎ、ラーメンズってライブで格好つけているヤツだろ？　俺、嫌いだから使わない」と当時イケイケだったディレクターに言われたこともあった。僕の演出したコントライブを見た人が番組の会議中に「あれは芸人のライブじゃない。芸人に損はさせるな！」と説教を食らったこともあった。言い返すことはできず、まさかそんなことを言われたなど仲間の芸人に言うこともできず、いらだちが募っていった（もちろんテレビマン全員がそうではなく、マッコイさんは「俺もああいうライブやりたい」と言っちゃう人でした）。

ちょうどこの頃、長年住んでいた下北沢から高井戸に引っ越したのだが、そこに飯塚さんが住んでいて、しょっちゅう会っては酒を飲みに行っていた。こうした放送作家としてのストレスから、僕は酔うとまるで当たるかのように「アルファアルファはこのままじゃダメだよ！」と説教をしていた。飯塚さん自身、そんなことは百も承知なのに僕の言葉を黙って受け止めていた（後々聞いたら「あの頃、オークラと飲むのは嫌だった」と言われた）。本気でアルファアルファのことで悩んでいた飯塚さんにとって、僕の言葉は辛辣で思いやりに欠けていたと思う。飯塚さんはよく「あの頃、アルファアルファの活動よりユニットライブのほうが楽しかったし、好きな笑いをやっている」と言ってくれるが、それを思い出すとこっちは申し訳ない気持ちになってしまう。

なんにせよ、このオークラ企画を発展させて生まれた東京ヌードというユニットを最後に、人力舎のユニットコントは終焉する。おぎやはぎ、ドランクドラゴン、そして僕。テレビ番組が忙しくなり、スケジュールが合わなくなったのが原因だ。

しかし、このコンセプトは「東京」という言葉と共に東京03へと受け継がれていく。

2001年〜2005年 宇田川フリーコースターズ

［メンバー］　バナナマン、おぎやはぎ

『君の席』ですっかりおぎやはぎと意気投合したバナナマン。「テレビでやっていける企画ライブを考えよう」という設楽さんの発案によって結成されたのがこのユニットである。コントユニットというより企画ユニットという色合いが強かった。しかし、結果として舞台を飛び出して、テレビでさまざまなコント（やコメディ）に広がっていった。

宇田川フリーコースターズが２００３年3月に行ったコントライブ『epoch conte square』は、僕の20代最後のユニットコント公演となった。数週間後の４月からＢＳ日テレで『デジタル笑劇研究所』という番組がスタートした。『ライヴ‼君の席』がＢＳ日テレで放送されたことがきっかけで、この番組の企画が立ち上がり、前半30分をバナナマンとおぎやはぎ、後半30分をバカリズムとエレキコミック、それぞれが好きなお笑い番組をしていいと言われスタートした。バナナマンとおぎやはぎパートの担当作家となった僕は、普通のバラエティ番組をするのは嫌だった。頭に浮かんだのは学生時代によく見ていた深夜番組『やっぱり猫が好き』。脚本・三谷幸喜の有名なシチュエーションコメディ（シットコム）で、笑いが好きな人間なら誰しも憧れる番組だった。まさにこれは棚ぼた的チャンス。「やってしまおう！」とバナナマン、おぎやはぎにプレゼンしたのだが、2組とも「そんな大変なことやる意味あるの？」と少し懐疑的だったが、「絶対に話題になります」と半ば強引にやらせてもらうことになった。それが、マンションの一室を舞台に4人の男たちの日常を描いたシットコム『epoch TV square』だった。

なんの経験則もないままスタートしたこのシットコムだが、設楽さんと僕とで脚本演出していく、いつものコントライブパターンで作っていったので、自分たちの好きな世界観が表現できて満足する仕上がりになった。隔週で30分のコメディドラマの脚本を2本書き、練習して客前で一発本番で見せていく。かなりハードな収録だったが充実していた。だが、びっくりするほど話題にならなかった。「絶対に話題になる」と言ったのにバナナマン、おぎやはぎに申し訳ないと思った。

こんないい出来なのに誰にも見られないのはもったいなさすぎると、各所にお願いしてなんとかVHSとDVDを発売することになった。本当にありがたい。パッケージ化は本当に大事だと思う。リアルタイムでは話題にならなかったが、のちに観てくれる人が増加し、「『epoch TV square』を見てこの世界に入りました」と言ってくれる人が結構いたからだ。

余談だがこの番組はオープニングで大滝詠一さんの楽曲「楽しい夜更し」を使っていて、パッケージ化にあたり使用できないかと本人に許可をお願いしたら、「どんなのか見せてほしい」という連絡があった。結果何を言われたのかわからないけども使用がOKになった。もしかしたら尊敬する音楽家・大滝詠一さんが自分の作品を見てくれたのかもしれないと思うと今は真実を聞くことはできないが、身震いする出来事だった。

また、この番組は制作陣の評判が良かったのでその続編としてもう一回番組をやらせてもらえることになり、今度はシットコムではなく、もう少し短めのスタジオコントものにしようと思い、人生に役に立つさまざまな教えを説く『epoch TV square－教え－』という番組を作った。

ちょうどその時、ラーメンズの多摩美術大学時代の同級生で、チョコレイトハンターの舞台美術で知り合いになったニイルセン（美術家）から、「実は僕は油絵を専攻していたから、本当に得意なのは立体美術よりイラストだ」と言われた話を思い出し、この番組のイラスト（＆美術）をお願いした。僕は昔からEテレ的というか佐藤雅彦（ピタゴラスイッチの監修を務めるクリエイティブデザイナー）的なアートワークが好きだったので、この教えという番組でニイルセンと共に、そういったアートワークが映像コントになりうるか研究していった。

また、イラストや美術と同じくらい必要としていたのが音楽で、オリジナルで音楽を作れないかと悩んでいたところ（当時、音楽は豊本が作ってくれたが、さすがにプロレベルの力が必要だった）、知り合いのラジオディレクターが「ビートルズが好きで大滝詠一好きの音楽家がいるので、オークラ君と気が合うかもしれないよ」と、カンケさんという音楽家を紹介してくれた。カンケさんとは気が合い、この番組に参加してもらうことになる。のちにカンケさんはニイルセンと共に、僕のコントライブに欠かせない人物になっていく。２００３年４月からはじまり１年半続いた番組ではシットコムからショートコント、イラストコント、歌モノ、アドリブドラマなど色々やらせてもらえた。

番組が終わると同時に、テレビ東京の五箇公貴プロデューサーの企画『30minutes』というコメディドラマがスタートした。『epoch TV square』でやったシットコムをもう少しドラマっぽくやりたいとバナナマン、おぎやはぎ、大人計画の荒川良々、監督に大根仁を迎えてはじまったこのドラマは、30分のリアルタイムで起きる（基本）ワンシチュエーションで行うコメディドラマ。客前でやるのではなくドラマ撮りをするので、今まで監督という存在にあまり意識がなかったが、大根さんと仕事をすることによって、「こんなにも作品が変わるのか！」とその演出の力に驚き、当時、演出はあまり余計なことはするなというスタンスだった僕にとっては大発見の仕事となった。大根さんはのちに映画『モテキ』を大ヒットさせて、超有名監督になった今でも自身の好きなカルチャーと映像作品を融合すべく奮闘している格好良い先輩である。

大根さんがこの番組にもう1人の監督として連れてきたのが岡宗秀吾さん。『全日本コール選手権』やBSスカパーで『BAZOOKA!!!』というサブカル的番組を作った演出家で、その系統に造詣が深く、同い年でありながらファッションや音楽をたくさん教えてもらった。これが縁となり、岡宗さんはバナナマンライブの幕間の映像を作ってくれるようになり、今でもたまに会ってお互いを褒め合う関係が続いている。

『epoch TV square』にしても『30minutes』にしてもリアルタイムではまったく評価されなかったが、こういう方々との出会いが僕の夢である「さまざまなカルチャーとコントの融合」の要素を入れ込む大事なファクターとなっていく。

アルファルファ、解散

主なユニットコントライブの変遷は以上となる。こうして書いてみるとわかるが、2000年代に入ると、バナナマンやラーメンズのライブシーンでの人気はどんどん上がっていった。おぎやはぎは2年連続で『M－1グランプリ』のファイナリストに残り、次第にテレビタレントとして評価されていった。アンタッチャブル、ドランクドラゴンもますます勢いに乗っていた。

この頃になると、ネタに対してリスペクトを持って接してくれる同年代の若手ディレクターたちが現れるようになってきた。とはいえまだまだ「芸人はカラダ張ってナンボ」派の年上のバラエティディレクターが主流。だから、そういった人たちに自分たちのやりたい笑いを認めさせたいという気持ちが強くなり、目標であった「コントライブ」より「テレビでの笑い」を優先させるようになっていった。2003年頃からバナナマンライブは続けていたが、ユニットライブの回数は極端に減った。

そんなある日、いつものように飯塚さんと酒を飲んでいると、とんでもないことを口にした。

「俺は角ちゃんと一緒にやっていこうかと思うんだけど……どう思う？」

僕は即座に「やめたほうがいいんじゃない？」と答えた。理由は言わずもがな、ダサいからだ。飯塚さんは「そっか」と答え、それ以上何も言わなかった。

さらに数ヶ月後、また飯塚さんから衝撃的な相談を受ける。それは、

「アルファルファに角ちゃんを加えて3人でやろうと思うんだ」

というものだった。角ちゃん？　なんで？　僕は自分の耳を疑った。

「絶対ダメでしょう！」

とにかくそう反対したのを覚えている。それはそうだ。自分たち世代の新しいお笑いカルチャーを生み出そうとして、それが少しずつではあるが叶ってきている時にあんなダサいヤツとコンビを組む？　何を言ってるんだ！　許さん！　と、娘がチャラいバカそうな男を連れてきて「結婚したいの」と言われた時の父親並に反対したい気分だった。

当時、飯塚さんが悩んでいたのは知っていた。一緒にやってきた仲間たちが才能を開

花させている中、アルファルファでは自分のやりたい笑いをできていなかった。僕もかつて細雪で自分のやりたい笑いができてはいなかった。それをやるためにバナナマンにすり寄った。飯塚さんはそれを角ちゃんに求めていたのだ。

どんなに両親が止めても愛し合う2人は結婚する。オークラの反対など馬の耳に念仏。飯塚さんの決意は変わらなかった。

一方、アルファルファの相方・豊本明長はそんな飯塚さんの苦悩を知る由もなく、のらりくらりとやりたいことをやっていた。元来「何を考えているかわからないけど、すごい才能がありそうな雰囲気」を持っていた豊本は音楽を作ったり、映像を作ったり、絵を描いたりデザインしたりと、その雰囲気を遺憾なく発揮し、すご～い一部の人々にカリスマ的な人気があった。が、それはちょっとした趣味レベルでその世界のプロたちに太刀打ちできるレベルではなかった。身近にいた芸人たちの才能にコンプレックスを感じていた飯塚さんは、そんな半端な豊本にものすごいストレスを感じつつも何も言えずにずっと我慢をし続けてきた。しかし、いよいよアルファルファに限界を感じた飯塚さんは豊本に、

「中途半端なことはすべてやめて欲しい！」

と言い、そして、

「角ちゃんを加えて活動したい。それでダメだったらお笑いを辞める」

と本音をぶつけた。初めて飯塚さんの本音を聞いた豊本はその時、どう思ったか本心は知らないが、飯塚さんの提案を即座に受け入れた。

東京03、誕生！

そうして2003年3月にアルファルファは活動休止をする。これは芸能界のよくわからないシステムなのだが、当時は事務所を辞めてほかの事務所に移る時は半年は休まなければならないルールがあった（今もそうなのかわかりませんが）。アルファルファは角ちゃんを迎え入れるため、半年間活動休止をしたのだ。そして9月にアルファルファは角田を客演に迎え復活ライブを行う。このライブは映像化されてはいないが、この時ライブで行った「バードウォッチング」というネタは2018年に行った東京03単独公演『不自然体』のおまけ公演として映像化されている。このネタは15年以上経った今でも面白い。当時、生で見ていた僕もハッとさせられた記憶がある。飯塚さんはアルファルファでは新しいフォーマットのネタができなかったのではなく、構想としてはあったのだ。そもそもツッコミ気質なのか、「人間の見栄」、「ずるい部分」、「ダサい部分」などに人一番敏感ではあった。それがゆえ、なかなか人に心を許さず付き合いづらいところがあったが、その目線をネタとして昇華させたのだ。それができたのも角ちゃんという「人間のダサさ」を誰よりも表現できる演者を手に入れたからだ。それによって豊本の飄々として何を考えているかわからないボケがアクセントとして物語の起点になる。

「そうか！　飯塚さんはこれがやりたかったのか！　これはほかにはない新しいフォーマットだ！」

飯塚悟志の覚醒をまざまざと見せつけられた瞬間だった。この公演で角ちゃんの加入を反対するものは誰もいなくなった。手前味噌ではあるが、それから数週間後、飯塚さんに「なんかいいトリオ名ない？」と電話で相談され、3人だし、2003年だし、電話での相談だし「東京03っていうのは？」と答えた。

こうして東京03は誕生した。

第5章
さまざまなカルチャーとの融合

同世代の演出家、佐久間宣行

マッコイ斉藤さんからいただいた『SURESUREガレッジセール』は2年で幕を閉じたが、運がいいことにその後、ラジオ番組『極楽とんぼの吠え魂』（2000年～2006年）、フジテレビでスタートしたコント番組『はねるのトびら』（2001年～2012年）や雑学バラエティ番組『トリビアの泉』（2002年～2006年、その後不定期特番）などに参加させてもらい、次第に「自称コント作家」から「放送作家」と呼ばれるようになっていった。

目標は「さまざまなカルチャーが融合するコントライブを作り上げる」ではあったが、テレビバラエティでも自分の望むような笑いをやってみたいと思うようになり、番組について真剣に考えるようになった。

この頃、日本一のお笑い番組と言えば間違いなく『めちゃ×2イケてるッ！』だった。どうやったらこんな面白い番組が作れるのだろうか？　僕は毎週オンエアを見ながら研究していた。とはいえ、見てるだけだとわからないことはたくさんある。

この時、運がいいことに極楽とんぼのラジオの仕事をいただいた。『極楽とんぼの吠え魂』という番組で、鈴木工務店さんの下でサブ作家をしながら、『めちゃイケ』はどういう風に番組を作っているのか色々教えてもらった。鈴木工務店さんはめちゃイケの構成もやっていたのだ。お金をもらいながらバラエティ番組講座が受けられるのだから、今考えたらラッキーな話だ。

さらにこのラジオでは僕が兄貴と慕う矢作さんの兄貴分、加藤浩次さんと知り合うことができた。加藤さんは本当に魅力的な人だった。僕のすごいと思う先輩方、マッコイさん、石原さん、工務店さん、矢作さん、みんなが一様に「最高の男」と言った。そんな漫画『クローズ』に出てきそうな男・加藤浩次は確かにカッコイイ人だった。近くにいたら「この人のためなら何をしてもいい」と思わせるオーラを放っていた。加藤さんにもバラエティ番組の作り方を教えていただいた。

そんな中はじまったのが『はねるのトびら』だ。運よく声をかけていただき、参加したはねトびは、めちゃイケの弟分的番組だった。演出の近藤真広さんはめちゃイケのディレクターでチーフ作家の渡辺真也さんもめちゃイケの作家だった。なので、はねトびの番組作りはめちゃイケの作り方に似ていた（100%同じではないが、聞いた話だとほぼ同じ)。

このチームは、とにかくたくさんの過去のバラエティ番組を研究した。なぜ面白いのか？　どういう展開で企画が進んでいくのか？　会議中に過去の番組を見ながら徹底的に話し合った。なので会議時間が長い。12時間は当たり前のようにやっていた。まあひょうきん族の頃からフジテレビの会議が長いのは有名だったらしいが（もちろん今はそんなことないらしい)、お陰様でこの虎の穴のような厳しい会議の中で、バラエティ番組の企画で何が成立していて、何が成立してないのか、徹底的に作り方を学ぶことができた。

色々なバラエティ番組をやっていくうちに、僕の意識も「自分がチーフ作家になってテレビで面白いバラエティ番組を作りたい」と思うようになっていった。しかし、なかなかそんなチャンスは巡ってこない。それには自分の先輩ではなく、同じ世代の演出（&プロデューサー）とタッグを組んで番組を作っていかなければならないからだ。

そんな折、2003年、テレビ東京から『大人のコンソメ』という番組がはじまるので作家として参加しないか？　という誘いを受ける。これはおぎやはぎ、劇団ひとり、スピードワゴン、ダイノジがレギュラーの深夜バラエティ番組だったのだが、この番組で演出デビューを果たす同世代のディレクターと出会う。

佐久間宣行さんという長身のイケメンで、当時のイケイケのディレクターはみんな尖った人ばかりだったのに信じられないほど人のいい性格をしていた。おまけにラジオ、演劇、漫画、ゲーム、音楽、すべてのエンタメに精通していた。

最初はイケメンで性格のいいヤツに面白いもんなんか作れるのか？　といういつものコンプレックスを持ちながら仕事をはじめたのだが、そのお笑いの能力の高さにあっという間に誤解は解け、いや、誤解が解けたどころか、その予想をはるかに超えてきたのだ。特に驚いたのはその編集能力である。

ある時、番組で「ブルードラゴン」という企画をやることになったのだが、それは「芸人2人が話し合いで1つのブルードラゴン（青汁）を相手に飲ませた方が勝ち」という、一瞬聞くとなんだかわからないと思うが、要は芸人が駆け引きで互いに相手に飲ませるフリを出していき、相手が「飲まざるをえない」状況にする（空気を作る）、それを面白がる企画なのだが、この誰もやってないようなお笑いが作りたいと血気盛んな若いバラエティチームが行った企画は現場で微妙な空気になった。

当時、ダウンタウンの番組やめちゃイケに憧れた若いお笑い制作陣はこのように攻めた企画を作っていたが、実力不足のため散々たる結果で終わることが多かった。駆け出しだったおぎやはぎは深夜のお試し番組で、こういった失敗を何度も味わい、矢作さんはお笑い強めの若手ディレクターのことをあまり信用してなかった。

微妙な撮れ高で終わったブルードラゴン。これもそんな結果で終わるのかなと思ったが、しかし、完成したモノを見た時に僕は驚いた。佐久間さんは編集で、現場で起きた面白いポイントを巧妙につなぎ、演者の心情をナレーションで作り上げ、さまざまなエンタメに精通している人間が持っている絶妙なバランス感覚で1つのストーリーに仕立てたのだ。笑いとしても面白いし、物語としても面白い。この人となら今まで自分が学んできたバラエティ番組の作り方と別のモノが生まれるような気配を感じたのだ。僕だけではない。オンエアの後、矢作さんからすぐに電話がかかってきて「佐久間さんやるな！　あの人を逃すな！」と言われたのは忘れない。

東京03覚醒

2003年9月30日に結成された東京03は、その4日後に『爆笑オンエアバトル』で早々にオンエアを達成する。それは同番組におけるデビューからオンエアまでの最短記録らしいのだが、これを機に「東京03のネタは面白いらしい」という噂がライブ芸人の中で駆け巡った。

満を持して、2004年6月に第1回単独ライブ『ヒューマンタッチ』を公演したのだが、客席約130人キャパの恵比寿のエコー劇場で5回公演、600枚以上のチケットはなかなか苦戦した。前売り券はかなり余り、当日券でなんとかなったという結果だった。

僕はこのライブには関与していなかった。この頃は『トリビアの泉』や『はねるのトびら』の会議で週5日間押さえられていて1日8時間以上会議していた上に、ちょうど10月からはじまる『30minutes』の脚本書き、『極楽とんぼの吠え魂』のサブ作家と、舞台よりもテレビやラジオの仕事が増えまくった時期だった。もちろんバナナマンやおぎやはぎの単独ライブは関わっていたが、東京03の単独ライブに関しては「俺はまだ手を貸さない。まずは自分の力でやってみろ！」と、こんなに偉そうではなかったが、兄貴面をして敢えて手を貸さないぞスタンスをとり悦に入っていた。しかし、客として見たその単独ライブを見て考えが180度変わった。

「めちゃくちゃ面白い！　これは一緒にやらなきゃダメだ！」

2005年2月、第2回の東京03の単独ライブ『trio de sunshine』から参加することになった僕は、飯塚さん・角ちゃんが作った6本のネタを見て簡単な感想を言うのと、飯塚さんからは「単独の最後を締めるラストっぽいネタが欲しい」という発注を受けてラスト7本目のネタを書くのが仕事になった。ちなみにこの頃は単独ライブのオープニング映像、幕間VTRは豊本が編集をしていた。幕間のVTRは東京03のパーソナリティをイジる企画で、ネタのクオリティは当時から完成されていたが、単独ライブのパッケージはザ・若手芸人の単独ライブという感じだった。

僕の夢は何度も言ってきたが、「さまざまなカルチャーが融合するコントライブを作り上げる」だが、それにはもう1つ条件があった。「それだけで食べていけるようになる」だ。結局のところ、コントライブで自立できないと誰からも認めてもらえないのだ。

「ライブは売れる前の仕事で、テレビバラエティがゴール」。最近は少しずつ変わってきているが、その概念を変えるためにはそれしかないのだ。

実際にテレビでもらえるお金は段違いだし、演劇の世界ならともかくお笑い界でライブだけで食べていくのは夢のまた夢。そんなことを言ってると「あいつ何？　テレビを否定するのが格好良いと思ってるの？」という評判すら立った。2002年に『ライヴ!!君の席』をやっている頃はそれは可能じゃないか？　とも思っていたが、2005年を過ぎたくらいになると、今まで僕が一緒にライブをやってきたバナナマン、おぎやはぎなどがどんどんテレビ露出が増えていき、僕自身もテレビバラエティの構成の仕事が増えていった。充実していると言われればそうなのかもしれないが、正直、ライブだけで食べていくのは難しいと思うようになっていった。

しかし、天才たちの影に隠れ、もがき続けた男たちのライブに参加することによって、僕は再び自分の夢と向き合う決心をした。そして2005年10月、東京03第3回の単独公演『祝!!』が終わった帰り道、僕は飯塚さんに告げた。

「俺、東京03に本腰入れる」

その後、東京03の単独ライブは僕がかねてから考えていたアイデアをすべて投入することになる。それは単独ライブ中に使う挿入歌がすべてオリジナル、企画系の幕間ＶＴＲを廃止して、すべてをネタと連作にしながら笑いのパターンを変えていくなど……。「さまざまなカルチャーが融合するコントライブを作り上げる」そして「それだけで食べていけるようになる」という夢を東京03に託したのだ。

細野晴臣になりたい

僕がラジカル・ガジベリビンバ・システムに憧れたのはその作品内容だけではなく、「才能を持った人間の集合」というアベンジャーズ感も大きかった。この感覚ははっぴいえんどを初めて知った時の感覚に似ていた。

はっぴいえんどは、言わずと知れた日本語ロックを生んだバンドの1組である。そのメンバーは細野晴臣、大滝詠一、松本隆、鈴木茂とそれぞれが日本の大衆音楽に多大な影響を与えていく才能だらけの集団だった。１９９０年代渋谷系ブームの影響の中、古い日本名盤がＣＤで次々と復刻され僕ははっぴいえんどを知ったのだが、音楽的なこともそうなのだが、やはりこのグループが持つアベンジャーズ感にとてもドキドキした。それから彼らにどハマりし、彼らを調べ尽くした。何度もしつこいが特に細野晴臣ははっぴいえんどを解散した後の1970年代、そうそうたるミュージシャンを集めてティン・パン・アレーという音楽プロデュースチームを作り、松任谷由実（荒井由美）や矢野顕子などの演奏や楽曲提供、プロデュースをし、自身はトロピカル三部作という画期的なアルバムを発売し、その後に高橋幸宏と坂本龍一というこれまた才能の塊とYMO（イエローマジックオーケストラ）を結成し、1980年代の日本の音楽界にこれまた多大な影響を与えた（この辺はバカみたいに詳しい人が山ほどいるので興味ある方はネットで調べていただけたら、2時間もあればだいたい理解できます）。

さまざまな才能と組み、後世まで影響を与える作品を生み出す細野晴臣というスタイルに僕は憧れまくっていた。特にYMOの『増殖X∞ Multiplies』というアルバムを聴いた時の衝撃はいまだに忘れない。これはYMOの曲と曲の間にスネークマンショー（ラジオを中心にしたコントユニット）によるコントが挿入される構成になっており、まさしく音楽とコント、カルチャーの融合でラジカルを初めて観た時の感動と同じだった

（余談だが、今自分が作家を担当しているラジオ『バナナマンのバナナムーンGOLD』のオープニング曲はこのアルバムに収録されている『Multiplies』だ）。

こうして自分の好きなものが次々とつながる快感を僕自身も人に与えたいと思うようになり、いつしか「俺はお笑い界の細野晴臣になるんだ」とファンタジーに近い夢を描くようになりだした。

「お笑い界の細野晴臣」を目指すべく、自分が才能あると思う芸人と一緒に東京のライブシーンでさまざまなライブを行うようになったのは1990年代の終わりから2000年代の初頭。コントライブのクオリティとしては次第に自分の理想に近づきつつあったが、まだまだ目指す理想とはほど遠かった。当時はまだお笑いのメインストリームはテレビであり、ライブは若手の勉強の場、ゆえに儲からない場所であった。金の儲からない場所に才能など集まってはこない。特にライブの世界観を作る「音楽」はなかなか厳しい状況にあった。本当は格好良いミュージシャンと組んで、そのライブのためだけにオリジナル音楽を作りたいのだが、そんなお金はどこにもなかった。「俺たちに音楽を作らせてよ」という有志のミュージシャンの方もいたのかもしれないが、こっちもそんな立場のくせに偉そうに「ダセえミュージシャンになんか頼みたくない」と思っていた。

そんなことを思っていた最中、1人の若きミュージシャンと出会うことになる。

SAKEROCK、すばらしき才能

2005年頃、SAKEROCKというバンドが気になっていた。なんで知ったかは覚えてないが、どこかのCD屋のポップに「今、インディーズ界隈で面白いバンドと話題」と書いてあったからだ。ただそのポップ以上に目をひいたのはバンド名である。SAKEROCKとは僕が好きな細野晴臣に影響を与えた1950年代アメリカのミュージシャン、マーティン・デニーの曲「Sake Rock」と同じだったからだ。「そこからこのバンド名つけたのかな？　ってことは細野さんのこと好きなのかな？」と会ったことのないバンドに勝手にシンパシーを感じていた。

それから1年後、バナナマンの設楽さんがSAKEROCKのCDを僕に渡して「知ってる？」と聞いてきた。普段、ＣＤをあまり買わない設楽さんがなんでインディーズバンドの？　と不思議に思い聞くと、「今ドラマで共演している子がやってるバンドのＣＤ。その子からもらったの」と答えた。

２００６年バナナマンは『30minutes』の監督をした大根仁さんの誘いで『アキハバラ＠DEEP』という深夜ドラマに出演することになったのだが、その出演者の中にいたのが星野源だった。

「今度のバナナマンライブのオープニング曲をSAKEROCKに頼もうと思うんだけどどう思う？」

設楽さんがSAKEROCKのことを聞いてきたのはこのためだったのだ。バナナマンライブの楽曲制作の打ち合わせのために、設楽さんと僕と源君で赤坂の居酒屋で会うことになった。僕はこの時が初対面だったのだが、その腰の低さに親近感を感じ、会うなりSAKEROCKに対して思っていた質問をぶつけた。

「細野さんのこと好きなの？」

「好きです」

「俺も好き。同じだね」

今や細野さんの後継者的存在として日本音楽界で活躍する星野源にタチの悪いサブカル系の先輩が上から同等感を出そうとする……。あの時の自分を思い出すたびに恥ずかしくなる。その時、源君はどう思ったか知らないが、細野さんの話でひとしきり盛り上がり、今度はバナナマンライブをやることになった経緯を訪ねてみた。

「なんでバナナマンライブの音楽をやってくれるの?」

「実は僕、シティボーイズが好きで……」

なんと、源君もシティボーイズが好きでコントライブとミュージシャンのコラボに憧れていて、さらにはバナナマンのコントにシティボーイズの匂いを感じて興味を持ったということだった。細野晴臣、シティボーイズ、俺と同じものが好き。その瞬間、勝手に感じていたシンパシーが本物になった。

その後、打ち合わせは進み、具体的にどういう曲を作るかとなった時に設楽さんは「とにかく速い曲」と言った。それまでバナナマンライブの曲は僕が候補を選んで設楽さんに聴いてもらい、それがＯＫかどうかを選んでもらう決め方をしていたのだが、確かに設楽さんの発注はいつも「速くてパンチのある曲」だった。ライブのオープニングとしてお客さんの高揚感を煽りたいという狙いもあるのだろう。しかし、SAKEROCKは速い曲というよりはどちらかというと脱力系の緩やかな曲が多かった（もちろんそれだけではないが）。この時は「設楽さんの求めるものと源君の生み出す曲は合わないのではないか？」と頭によぎったが、源君は「わかりました」とそれを受け入れた。

それから数日後、源君が作ったオープニング曲が僕のパソコンに送られてきた。

今でもそうなのだがミュージシャンに頼んだ楽曲を最初に聴く時は緊張する。それは「イメージと全然違うものが来たらどうしよう？」という不安があるからだ。その場合、音楽のプロでもない自分が相手のプライドを傷つけないよう修正をお願いする。それがすごく気を遣う。ましてや今回は設楽さんが望む「速い曲」とはイメージの違う曲を作るSAKEROCK（もちろんそれだけではないが）。緊張と共に仮タイトル「行け、バナナ」と名付けられた曲を再生すると……度肝を抜かれた。発注通りとてつもなく速い曲がはじまったのだ。しかも、SAKEROCKの世界観を壊さず作り上げてきたのだ。

さらに言うならその時のバナナマンライブが『Spicy Flower』という偶然にも細野晴臣、マーティン・デニーを思わせるトロピカル＆エキゾチカなタイトルだった。それ風味なニュアンスも入れつつ、決して模倣ではないオリジナリティ溢れる楽曲がそこにはあった。これは後にSAKEROCKのアルバム『ホニャララ』に「会社員」として収録されているので興味のある方は是非聴いてみてください。

この曲をバナナマンライブのオープニング曲でかけられると思った時に、僕の胸は高鳴った。それは絶対にほかのお笑いライブではかからないオープニング曲だった。シティボーイズ、ラジカル、細野晴臣が作り上げたカルチャーの土台を熟知し、新しいモノを作り上げる。猿真似ではない自分たちの時代のカルチャーを生み出せるかもしれない。そう感じたから胸が高鳴ったのだ。自分よりも年下のミュージシャンがそれをやっている。ならば自分も「ラジカルのようなコントライブ」ではなく「ラジカルのような志を持った、まったく新しいコントライブ」をやろうと思えたのだった。

のちに源君は新しい音楽を生み出し続けることになるが、そのたびに「この人はしっかりとした土台の上に新しい何かを構築している」と感じ刺激を受ける。ともあれ、SAKEROCKがオープニング曲を作ってくれたことは、その後、笑いと音楽、表面的なカルチャーの融合ではなく、もっと深い部分の自分に変化を与えてくれた。

『ゴッドタン』が生んだもの

同じ時期、佐久間さんとも新たな動きがあった。2004年に『大人のコンソメ』は終了し、今度はおぎやはぎと劇団ひとりで新たな番組を立ち上げる話があったのだ。演出は佐久間さんでチーフ作家は僕、2005年にお試しで1クール、3ヶ月限定でスタートしたのが『ゴッドタン』だった。

この頃、僕はバラエティ番組の企画で悩んでることがあった。企画というのは入口（目的）とゴール（結果）があってそれに参加する演者の気持ち（モチベーション）がズレていなければ成立している。会議で企画を立ち上げて色々考えていくと、どこかしらに不成立している部分が出てくるので、それを修正しながら企画を作り上げていく。放送作家になって数年、そのことばかり考えてきたが、その「成立」こそが僕の悩みだった。なぜなら企画の成立ばかりを考えていくとそんなにパターンが生まれず、似たような企画ばかりになってしまう。かといって不成立の企画はやはり見ていても面白くはない。企画にオリジナリティを生み出すにはどうすればいいのか？

そんな時、2007年、佐久間さん発案の「キス我慢選手権」という、さっきまで見ていたアダルトビデオに出ていたセクシー女優さんが突然目の前に現れてあの手この手でキスをねだるという企画をゴッドタンでやることになった。その時の挑戦者は日村さん、小木さん、劇団ひとりが出演したのだが、劇団ひとりの時だけ企画の趣旨からズレはじめたのだ。劇団ひとりだけ「キスを我慢する」という目的でなく「最高のキスの芝居をする」という目的になっていたのだ。普通だったら、見ている人は「ひとりは何してんの?」と企画が不成立になってしまう。ところが、キスを仕掛けたセクシー女優のみひろのアドリブが良い芝居過ぎて、こちらが考えていたゴールとは違うものになっていく、別の感動を生み出したのだ。

この時、僕は目から鱗が落ちた。本当に面白くてオリジナリティのある企画とは「成立」だけではなく「ちょっとした不成立」の中にある。この不成立こそ、番組が生み出すノリなんだと気づいたのだ。この収録の後、佐久間さんと「俺たちは新しい企画を生み出したのかもしれない」と朝まで飲んだのを覚えている。

ちなみに劇団ひとりという化け物について少し話しておきたい。

劇団ひとりとは知り合ったのは１９９６年、彼がまだスープレックスというコンビを組んでいて、僕が細雪で芸人をやっていた頃だ。スープレックスは劇団ひとりのキャラを全面に押し出した漫才で面白かったのだが、その頃、スープレックスが所属していた太田プロダクションは、猿岩石（有吉さんが組んでいたコンビ）の『進め！電波少年』の企画「ユーラシア大陸横断ヒッチハイク」による大ブレイクの影響で若い女性から支持される事務所というイメージがあった。コントにこだわっていると自負していた自分はそんな太田プロ芸人であるスープレックスは自分とは違うタイプと勝手に判断していた（これが十数年後、僕の勘違いだと知ることになるのだが）。しかし、２０００年、スープレックスを解散しピン芸人になった劇団ひとりのネタを見た時、あまりの面白さに目を疑った。劇団ひとりもバナナマン、バカリズム、ラーメンズと同じ僕の嫉妬の対象の芸人になった。

それから2年後『本能のハイキック』という番組で劇団ひとりと一緒にレギュラー番組を持ってから、『ゴッドタン』で今に至るまで途切れることなく一緒の番組をやることになる。先述した『ゴッドタン』での「ちょとした不成立」はほぼすべて劇団ひとりが生み出したものである。先輩方のバラエティ番組と差別化し、自分たちのバラエティ番組の笑いが作り出せたのは彼のおかげだと思っている。

その後、小説を書いては大ヒット、映画を撮ったら激烈に面白い、いつまでたっても嫉妬の対象である。

バカリズム、ブレイクの道のり

ダウンタウンの亜流がライブシーンに溢れていた中（もちろんそのタイプでも手法を超越して面白い方々もいたが）、明らかにほかとは違うコントを作りあげていたバカリズムは、いくつかのネタ番組に出演するようになっていた。しかし、その才能とは裏腹にバカリズムの評価は大きなものではなかった。むしろ苦戦している印象だった。僕はバナナマンやおぎやはぎ、ラーメンズ、アンタッチャブル、アルファルファたちとユニットライブを行っていた一方で、バカリズムとは会って話したりご飯をすることはあってもユニットライブを一緒にすることはなかった。ネタもセンスも考え方も大好きなのに、なぜあまりやらなかったのか？　その理由を考えたことはなかったが、もしかしたら……おこがましいかもしれないが自分のライバルという気持ちが強かったのかもしれない。これはバカリズム本人にもよく言うのだが、1999年〜2006年くらいのバカリズムは「天才が地に潜っている時代」である。とにかくこの時のバカリズムはひたすらストイックにシステムネタの開発を続けていた。ただその鬼気迫るストイック過ぎる姿はコアなお笑いファンにはウケても一般的には受け入れがたい部分もある。

芸人が世間に受け入れられるために大切なもの、それは……可愛げである。

昔から先輩方によく言われた言葉がある。「芸人は可愛げがなきゃダメだ！　たけしさんだって、さんまさんだって、やすしさんだって可愛げがあった」。正直、20年前にデビューした芸人のほとんどはそんな言葉に耳を貸さなかった。あの頃は客に媚びることがダサいという尖りまくったダウンタウンチルドレンたちで溢れていてた。それが間違ってるとは言えない。そういう気概がない人間に新しい時代を作るパワーはないからだ。今、活躍している芸人のほぼ全員はそういう尖りまくっていた人たちだ。芸人をはじめた瞬間に可愛げなんかを追い求めているヤツにロクなヤツはいない。しかし、人気者になるためにはその壁を乗り越えて人々に愛されなければならない。そこで大切なのが可愛げである。ちゃんと笑える。スベってもがく。人とのやりとりでちゃんとマウントを取られて負けることができる。才能のある人間はそういった可愛げを途中で気づき身につけていくのだが、バカリズムは何も変わらず笑いのシステムを作り続けた。そして2003年にはじまった『エンタの神様』ぐらいから、オンバト、M－1で高まっていた若手芸人の勢いが爆発した。第5世代と呼ばれるキャブラーたちの後輩がテレビに引っ張りだこになる中、バカリズムはうまくその波に乗れず、2005年にコンビを解散することになる。

解散を聞いた時、僕は心底驚いた。僕にとってバカリズムはバナナマン、ラーメンズに劣らないコント師である。いつか必ず評価されるはずなのにこのまま消えていくのはもったいない。本気でそう思った。しかし、天才・升野英知はバカリズムという名前を消すことはなかった。自分1人でその名前を継承したのだ。これまでライブシーンで積み上げてきた名前を失くしたくなかったと本人は言っていた。

こうして2006年1月、升野英知＝バカリズムはピン芸人として『宇宙時代』という単独ライブを行った（この時は升野英知ライブという名で）。

「アレ？　コンビ時代よりいいんじゃない！」

ライブを見てそう思った。コンビ時代より、升野君の作る美しいシステムがより明確に伝わってきたのだ。特に目をひいたのが、システムコントの名作「トツギーノ」である。あまりにも有名なネタなので説明はしないが（調べればすぐに見られるので）、その翌月、バカリズムはトツギーノで『R−1グランプリ』の決勝に進出する。トツギーノというキャッチーなフレーズは爆発的にウケて、その後、レッドカーペットでもハマり、CMにもなった。

バカリズムは売れたのである。その後、トツギーノのパターン違いのネタを繰り返しながら、テレビタレントとしても活躍し、可愛げを手に入れて国民から愛されるように努力する……普通の芸人ならそうする。

しかし、バカリズムはトツギーノを捨てた。

天才・升野英知はシステムの開発者なのである。トツギーノを捨て、今度は『贈るほどでもない言葉』、『都道府県の持ち方』など次々と新しいシステムコントを生み続けた。そうして次第にバカリズム＝システム開発者＝キャラとして浸透してきたのだ。人格ではなくコント（システム）を作る才能がキャラなんて聞いたことがない。しかし、バカリズムはそうとしか形容のしようがない活躍を見せていたのだ。

僕が思うに日本最強の大喜利王はバカリズムである。大喜利といえども普通の芸人は自分のキャラに沿った（キャラをフリにした）答えを出す。しかし、バカリズムは大喜利は自分のネタ作りと同じで、お題を元に多種多様なフリとオチを作り出す。こんな純度の高い答えはない。まったくもって可愛げのない芸風であるが、こうしてバカリズムはその才能だけで国民から愛されるようになっていった。

この化け物と同じ時代に生まれた限り、僕はおそらく作り手として一生、自分に満足できない気がする……。

バナナマンの時代

どうやってバナナマンは売れたのか。バナナマンが売れはじめたのは2003年ごろだったと記憶している。イケイケのテレビ時代、「俺達が使うんだぞ」というテレビ制作者が上のスタンスで当たり前、そんな「お笑いこうあるべし」のテレビマンたちにとって、バナナマン、バカリズム、ラーメンズなどは「テレビ否定してるでしょ」と見られていた。僕はそういった状況を好まず、いや違うんだ！　とディレクターたちをバナナナマンライブに招待しまくっていた。しかし当時のバナナマンのネタはどんどん洗練されていき、「赤黄青の箱を開けた人間のそれぞれのストーリーがつながっていく」みたいな3時間の大作があったり、どうだこんなすげーライブないだろ！　と見せつけるようにしていたらYOUさんから「バナナマンライブはどこへ行こうとしているの？」と言われた記憶がある。

バナナマンの社長に、「バナナマンはコントだけで金が稼げるのだからもっと力を入れてくださいよ」と力説したが、のちに「なんでそんな売れてねー作家に言われないといけないんだ」と思ったと言われたこともある。ごもっともである。

この頃、バナナマンは先述した『epoch TV square』や『30minutes』、そして日テレで放送した『落下女』などの作品性の高い深夜番組をやってお笑いマニアの一部から高い評価を受けていた。しかし、こういう番組は世の中のメインにはならず、サブカルの芸人というイメージがぬぐえなかった。知り合いのディレクターから「バナナマンって完全にエアポケットにはまった芸人だよねー」と言われ悔しい思いをした記憶がある。

2003年頃から、『エンタの神様』がスタートしたり、『はねるのトびら』や『M－

1グランプリ』もはじまり、お笑い番組が一気に増え、それまでは一部のお笑い番組にしか出ていなかった芸人たちが、バラエティ番組にたくさん投入されるようになってきた。最初は、自分のスタイルを持っているおぎやはぎ、カンニング、ザキヤマなど「振る舞い方」がわかっている芸人たちが番組を席巻していく。

それに気づいたバナナマンは、急速に自分たちの「振る舞い方」をアピールしていった。日村さんがいろんなドッキリにかかり、テレビ業界から「バカにされていいおもちゃなんだな」という認識が生まれてきたのだ。

決定的だったのは2006年、『リンカーン』でウルリン滞在記というのがあった。渋谷のギャルサーに入り、パラパラを覚えてくるというもので、ダウンタウンがバナナマンをイジりはじめた。バナナマンってライブで頭のいい笑いをしているだけじゃなくて、テレビではイジっていいんだというニュアンスがここで生まれたように思う。ちなみにこの『リンカーン』でウルリン滞在記を演出したのは塩谷泰孝という演出家で、のちにシオプロという制作会社を作り、バナナマン系お笑い番組（その他、深夜のクレイジーな番組）を次々と生み出しいく。

設楽さんはテレビでは何かしなければとボケたりしていたのだが、日村さんが遊び道具として機能しはじめた時に、設楽さんは本来の持ち味である「全体を見据える力」が覚醒した。全体を俯瞰で見ながら、細かく不具合を見つけ、それを指摘しながら笑いを生み出し、ほかのボケを潰さないよう無色透明な普通のことを言いながら企画の趣旨を伝えていく。深夜帯で実験的な番組が大量に出てきた頃、担当する若いディレクターたちの「こんな番組をやりたい」というイメージを設楽さんが汲み、しっかりと番組のルールを理解して土台を構築する。その上で日村さんが遊ぶ。番組はどんどん面白くなり、じわじわとテレビ業界に必要とされる地位を築き、気づけばバナナマンは「企画成立屋」としてバラエティ番組に不可欠な存在になり、あれよあれよとバナナマンは売れっ子の階段を上り続け、フジテレビの朝の顔、そして、ほぼ毎日ゴールデン番組のMCを務めるタレントになった。

「バナナマンって完全にエアポケットはまった芸人だよねー」と言ったディレクターが、十数年後とある企画でバナナマンと一緒になった時、「やっぱりバナナマンいないとダメだなー」と僕の前で平気で言った。

マジでブン殴ろうと思ったが、僕は笑って、

「ですよねー」

と答えた。

ももいろクローバーとウレロ

2007年頃からコントライブはバナナマンと東京03だけになり、放送作家の仕事がメインになってくる。

放送作家は参加する番組の本数が多ければ多いほど売れっ子と呼ばれる。売れっ子＝優秀な作家ということになるのだが、人の身体は1つしかない。レギュラー番組が増えればどうしたって仕事は薄くなってくる。おまけにレギュラー本数が増えてくると「減ることへの恐怖心」が生まれる。そのため、来た仕事は断らない。けど仕事は薄くなっていく感じがした。

放送作家に求められるものは「どうしたら数字がとれるのか？」のアイデアであり、レギュラー番組の多い放送作家は色々な番組から得た「数字がとれるテクニック」を違う番組に提供していく。その結果、大局的に似たような番組が増えていった（もちろん番組それぞれ独自の努力をしているし、オリジナリティ溢れる番組もあるが）。テレビ局は企業なので、数字のとれる（広告料がとれる）番組を生み出すのが当然である。

放送作家としてそれに応えようとすればするほど、自分の個性が埋没していくような気がしていた。僕がやりたかったことは繰り返しになるが「さまざまなカルチャーが融合するコントライブ」。親和性があったテレビ番組は『ゴッドタン』だけだった。自然と佐久間さんと話す機会は増えていった。

佐久間さんは、僕の知る限り業界一のエンタメ大好き男。なのでゴッドタンの企画はお笑いでありながら、根底に違うカルチャーを感じさせるものが多かった。佐久間さん発案のキス我慢選手権は「セクシー女優×演劇×お笑い」だし、僕が発案した芸人マジ歌選手権も「音楽×お笑い」だ。『ゴッドタン』の会議に置かれる資料は「視聴率がとれるタレント」ではなく、演劇、音楽、アニメ、アイドル、セクシー女優などの「各分野で面白くなっている人」の資料ばかりであった。

2010年、『ゴッドタン』でアイドルをフックにした企画をやろうということになり、会議で色々なアイドルのMVを見ることになった。その中の1本がももいろクローバーの「行くぜっ!怪盗少女」だった。バンド編成の音楽が好きだった僕はDTM全開の変調転調のメロディに、こんな面白い歌があるんだな！　とびっくりした。

ちょうど時を同じくして、自分も参加していた『とんねるずのみなさんのおかげでした』のディレクターの佐々木敦規さんがももクロのライブ演出をしているというのを噂に聞いた。「え、知り合いだった人がももクロと仕事してるの？」と驚き、会議後に「佐々木さんって、ももクロやってんすか!?」と尋ねた。その頃の〝みなさん〟のスタッフといえば、演出マッコイ斉藤率いる「ザ・男」なバラエティ集団で、アイドルの仕事してますとは言いにくい雰囲気だったので、佐々木さんは誰にも聞かれないように僕に「えっ、ももクロ知ってるの？」と言った。それ以来、スタッフにバレないようももクロ談義に花を咲かせることになった。

しばらくして「ももクロの仕事手伝ってくれない？」と頼まれた。ちょうど早見あかりが脱退する時期で、『七番勝負』というイベントをするからそこの構成を全部考えてくれないかとトントン拍子に話が決まっていった。実は佐々木さんは『epoch TV square』が好きだったらしく、僕に興味を持ってくれていて、ここからももクロと一緒に仕事をするようになる。

余談だが〝みなさん〟の会議終わり、佐々木さんがコソコソと僕をトイレに連れて行き「ねぇオークラ、これ俺が撮ったんだけど見てよ」と『Z伝説～終わりなき革命～』のMVを自分のPCで見せてくれた。ちょうどその時、マッコイさんがトイレに入ってきて慌ててそれを隠したのだが、その後「2人がトイレでAVを見ていた」としばらくイジられた。


ももクロはアイドルでありながら、僕が面白いと思う企画を色々やらせてくれた。次第に「彼女たちは新しいサブカルなんじゃないか？」と思うようなってきた。1990年代の僕らがカッコイイと感じたサブカルは、渋谷系を筆頭にちょっとインテリで「クール」なものが多かったが、2010年代はもっと感情的で「熱」があるものなのでは……と思うようになった。

さらにその頃、僕はSAKEROCKのメンバーであった浜野謙太（ハマケン）とラジオ番組をしたのをきっかけに、ミュージシャンでありながら役者であるハマケンのことがすごく好きになっていった。同じSAKEROCKでも星野源は憧れであり、ハマケンは弟的なものを感じた。その後、ハマケンに紹介されてジェントル久保田率いるGENTLE FOREST JAZZ BANDというビッグバンドのライブを見に行き、その格好よさと楽しさに痺れた僕は、古来からの手法である「コメディ＋ジャズ」をありがちなパロディではなく今の感覚でコントに取り入れる構想をはじめていた。

ももクロ、ハマケン、GENTLE FOREST JAZZ BANDなど新たな時代のカルチャーたちと出会う度に「シティボーイズ（ラジカル）が作り上げた模写ではなく、僕ら時代の新しいコントライブには彼らの力が必要なのでは？」と考えるようになっていった。

そんなことを考えていた２０１１年5月くらいに、佐久間さんから東京03のコント番組を作りたいから企画書を出すと持ちかけられて、また『epoch TV square』ができる！と浮足立った。まだその当時は東京03だけでは企画が通らないと、すでに売れていた劇団ひとりとバカリズム、さらにはももクロと仕事をしたつながりから、早見あかりをメンバーに加えて誕生した番組が『ウレロ☆未確認少女』だ。

舞台設定はアイドルを売ろうとしている芸能事務所。所属タレントには未確認少女ＵＦＩ（ももいろクローバーZ）がいて、劇中に生まれた歌を本当にももクロのライブで歌ってもらい、劇中で話題になった架空のバラエティ番組やドラマを本当に作り、別枠でオンエアしたりと、縦横無尽に広げていった。結果好評を博し、ウレロ☆シリーズとして5シーズン続くことになり、『ゴッドタン』と同様、この創作活動の刺激によりいわゆる「放送作家」とは違う道を歩みたいという想いが強くなっていった。

コント師の理想、東京03

「最高のコントライブをやって、それだけで食べていけるようになる」

それは僕だけではなく、東京03の夢になっていた。というより飯塚さんの夢で、残り2人はついてきますといった感じだったが……。

お客さんが入ってお金も生まれる単独ライブってどういうものだろう？　コントは十分に面白いし評価もされている。でも、「東京03って華がないよな」という評価もあった。僕は単独ライブで唯一無二の世界観を作るために色々考えた。ラーメンズみたいに文学的でも、ポップなバナナマンでもないから、ここは角ちゃん得意の歌で演出していこうと決めた。僕が詞を書き、角ちゃんが作曲、カンケさんが編曲し、ダサい主題歌とエンディング曲を作った。ダサいのだがアレンジはあらゆる名曲のパロディで単独ライブの世界観を作り出した。角ちゃんは『ゴッドタン』のマジ歌選手権での注目もあって音楽キャラが定着していった。

また幕間映像も手を加えていった。当時の単独ライブでの幕間映像は企画ものが多く、「お母さんと会ってみた」のような本編とは関係ないパーソナルなものが多かったので、東京03では本編とリンクするものを作ろうと思った。東京03のネタは人間関係の妙味によるものが多い。ただコース料理で同じものを出されると飽きるのと一緒で、ずっとシチュエーションコントを見ていると飽きがくる。2時間の尺で、すべて見てもらうためのテクニックとして、幕間のネタは「ウケすぎず作る」ことも重要だった。パーソナルを掘る企画は、そっちがウケ過ぎてしまって次のコントが死ぬ場合もあるのだ。

なので東京03の幕間映像は、コントの世界観を立たせるために付属的なお笑いに特化させて、もともと僕の好きなシステマチックな笑いの引き出しから、文字のみで作る、映像的なもの、イラストやアニメーション、音楽を使った作品など、CMなどでも通用する映像作品を意識し、コントの本筋とは離れず、かつ笑いの種類も違う方向で気分転換になるものを演出として入れていった。そのために音楽のカンケさんやイラスト&美術のニイルセン、そして、『戦国鍋TV』という役者が演じるコント番組でお世話になった住田崇さんという映像監督による幕間映像チームを作り上げていった。ちなみに、この映像から生まれたホワイトボードアニメーションは、のちに色々なCMに器用され、最終的には東京オリンピックの全競技紹介の映像もそれで作ることになった。幕間制作だけではなく、舞台監督の金安凌平を中心に東京03単独ライブは完全なるチームとして出来上がっていった。

そのようなことを意識しつつ公演を毎年作っていき、東京03は舞台の名手として経験値をたくさん積むことになっていく。

2009年6月、東京03は満を持して単独ライブの全国ツアーを敢行する。しかし、東京では客は埋まるものの地方ではチケットが売れ残り、数百万の赤字を出してしまった。その状況を変えたのが『キングオブコント』だった。

2008年にはじまった『キングオブコント』。記念すべき第1回目は東京のコントを支え続けていたバナナマンが当然のように決勝に進んだ。これまでの実績を考え、僕はバナナマンが絶対に優勝すると思った。しかし、バナナマンは準優勝で、優勝したのは西の雄バッファロー吾郎であった。

翌年、第2回目の『キングオブコント』で決勝に進んだのは東京03。バナナマンとは違って「決勝進出するとは思わなかった」と周囲の芸人たちはみんな驚いた。実力は認められていたが東京03には華がない。そう言われるところが東京03っぽいところで、また、トップバッターという引きの悪さを見せつけたのも東京03っぽかった。採点方法は決勝進出者8組が2回ネタをして、準決勝に進んだ50組の芸人が審査するというものだった。トップバッターながらも高得点をたたき出し、一巡目ではサンドウィッチマンに続く2位になった東京03は、2巡目で爆発した。

当日は東京03の楽屋で見ていたが、最後の結果が出た時に僕は大声を出しコーヒーを思いっきり洋服にこぼした。優勝だった。昨年のバナナマンの雪辱を東京03が果たしてくれた。僕の中では勝手にそういうストーリーになっていた。

さあ、これからどんどんテレビで露出していくぞ。芸人のサクセスストーリーのはじまりである。

しかし、『キングオブコント』で優勝して1ヶ月もしない時に東京03に事件が起きる(有名なので調べればすぐにわかります)。これがきっかけになり、飯塚さんの意志はよりしっかりしたものになった。

コントライブで食べていく。

結果論だが、それが功を奏した。当時は『爆笑レッドカーペット』が起爆剤となりショートネタが席巻していた。東京03とは真逆のタイプで、テレビで求められる笑いの毛色とは異なっていた。また、テレビでは賞レースに優勝したら次はバラエティ番組でトークになる。フリートーク、リアクション、イジられキャラなど立ち振る舞いで今後の人生が変わる。当時のイジる、イジられるの構図で行われたバラエティ番組に出ることは、コントで作り上げたカリスマ性がなくなってしまう可能性すらあることで、不思議なもので上下関係の「下」に立ってしまうとネタも安く見えるという不都合な状況も生まれていた。

東京03はテレビにあまり露出せず、舞台でコントを続けることで安っぽくならず、逆にカリスマ性が生まれた。2010年で単独ライブの動員は変わった。全国ツアーの客が埋まっていく。その後、ウレロ☆シリーズや、『ゴッドタン』で飯塚さんの「コント愛」キャラを打ち出したことにより、東京03の単独公演の動員はどんどん増えていった。ももクロと出会った時に感じた「１９９０年代のサブカルに比べて２０１０年代はもっと感情的で〝熱〟があってもいいのでは……」は、ただの感覚なので正解ではないかもしれないが、シティボーイズライブにある〝クールでシュール〟な世界観と比べ、東京03は生々しく人間の〝熱〟を感じるコントが多い。それが時代にマッチしたのかもしれない。

こうして、僕は東京03と共に自身の夢も叶えていくことになる。

東京03の単独公演とは別に『東京03 FROLIC A HOLIC』（フロリックアホリック＝悪ふざけ中毒）という他ジャンルからゲストを迎える東京03のコントユニットを立ち上げた。芸人、ミュージシャン、役者、アイドルという出演者、音楽はバックにビックバンドを従えた生演奏で、時には一緒にコントをしたり、プロジェクションマッピングを使った演出をしたりと、時代に合わせた「さまざまなカルチャーが融合するコントライブ」にするべく企画した。

こうした活動によって、東京03のファンはさらに拡大していき、いつしか東京03は「コントライブで日本一人を呼べるモンスタートリオ」になっていた。

「ライブで成功している芸人」として認知されるようになった東京03は、今度はテレビが食いつきはじめ、まるっきり立場が変わった。オファーを受けて東京03が自分らしくできる場所を選択し、出演できるようになったのだ。飯塚さんはすべては舞台に還元できるよう、どうすれば自分たちの魅力を伝えられるのかとドラマやCM、さまざまな案件について目を光らせる「東京03のプロデューサー」としての能力も発揮しはじめた。

東京03は売れたというよりも、まわりが勝手についてくる状況になった。実は誰もやっていないアプローチから花開いたお笑い芸人だったのだ。

ドラマでも笑いを

2000年代初頭、『epoch TV square』、『30minutes』などシットコムをやって以来、『はねるのトびら』、『落下女』、『サラリーマンNEO』などのコント番組に関わっていたが、バラエティ番組の構成が仕事のメインだった。2011年からはじまったウレロ☆シリーズくらいからドラマ脚本の仕事が来るようになってくる。別に断りはしなかったが、僕のライフワークはコントであって、舞台のコメディやコメディ映画の脚本などは興味あったが、ドラマ脚本にそれほど興味があったわけではなかった。

転機は2014年、フジテレビ系の火曜22時で主演竹野内豊、脚本バカリズムで『素敵な選TAXI』というドラマがスタートとした。このドラマの企画立ち上げ時に、バカリズムから「初めての連ドラ脚本で不安なので……」と言われて、お手伝いをすることになった。ここからバカリズムは頭角を現し、芸人でありながらドラマ脚本家として、さまざまなドラマを作っていく。そんな『素敵な選TAXI』を制作している時、僕とバカリズムはドラマをする意味をよく話し合っていた。どの芸人よりもコントを量産して、評価もされてきた芸人バカリズムだが、なぜかテレビコント番組にはあまり呼ばれることはなかった。コント番組は費用対効果が悪いし、相当なことがない限り数字もあまり期待できない。「コントをやらせてくれないならドラマと言ってコントをすればいいんだ」。当時、バカリズムはよくそう言っていた。

確かにシステムコントの天才、バカリズムが描くドラマはバカリズムのコントと似ている。ドラマの世界に1つのシステム（ルールや状況）を作り、そのシステムを前提としてお話を進めていく。これはもう「システムドラマ」だ。『架空OL日記』がいい例だろう。

時を同じくして、劇団ひとりは自身の小説を映画化した『青天の霹靂』で監督デビューを果たす。この映画を見て（彼のデビュー小説『陰日向に咲く』を読んだ時も同じことを思ったが）、彼はコントエッセンスを作品に落とし込んでいると感じた。劇団ひとりのコントはドラマチックで面白い。そんな得意分野を小説で映画で表現したら、それも面白くなるのだ。

そんな天才2人の影響で、僕はドラマに対しても楽に考えるようになった。

2017年、日本テレビの川邊プロデューサーから「脚本・監督で東京03のドラマを作りませんか？」と依頼が来た。スケジュール的に考えて厳しいかなとも思ったが、「自分の好きなことに落とし込めばいい」と思い直し、いつもコントライブでやっている生々しい大人のやりとりの脚本に、大好きな映画監督ウェス・アンダーソンのような色彩とカメラアングルを取り入れた演出に挑戦してみた。東京03、山本舞香、3代目J SOUL BROTHERSの山下健二郎のユニットでやったこのシットコム『漫画みたいにいかない。』は大人の生々しさとファンタジーな世界観が上手く絡まって、深夜ドラマで見たことのない攻めた演出ができた。自意識ゆえに「これは評価されるぞー」と思っていたが特に評価もされずショックだったが、『epoch TV square』、『30minutes』もリアルタイムでは何も評価はされていなかったので、いつか誰かが評価してくれるというのが僕の作風なのかもしれないと諦めた。ただ、『30minutes』の監督大根さんだけはやたらと褒めてくれた。

2019年、木村拓哉主演のドラマ日曜劇場『グランメゾン東京』のスピンオフでKis-My-Ft2の玉森裕太君を主役にした15分くらいのミニドラマを10話書いてくれないか？　という発注を受けた。内容は「ちょっとラブコメがいい」と言われたので僕で大丈夫かな？　と不安になったが、「恋以外にも本編の裏でいろいろな事件があって、それが結局本編につながっていく」という、かなり勝手なお話を作ってしまった。だがプロデューサーがそれを面白がってくれてOKをもらえたのが『グラグラメゾン♡東京〜

平子祥平の揺れる思い〜』で、Paraviオリジナルストーリーで配信され好評をいただく内容となった。

それが好評だったせいか、直後、別の日曜劇場チームから『半沢直樹』で倍返しされた人のその後の人生を描いたオーディオドラマ『半沢直樹 敗れし者の物語』の脚本依頼があった。これまた半沢直樹をフリにした結構なコメディドラマを書いたら、プロデューサーも原作者の池井戸潤先生からも面白がってもらえた。その流れで今度はついに本家の脚本を書かないかという依頼が来た。日曜劇場『ドラゴン桜』である。

さすがにこれは「自分の作風とは違いすぎる」と思い、受けるかどうか悩んでいた。そんな時、たまたまiPhoneから流れた星野源の「アイデア」を聴いて、あることを思い出した。「アイデア」は2018年のNHKの朝の連続ドラマ『半分、青い。』の主題歌だったのだが、当時の星野源の集大成的な楽曲で、源君リスペクトの僕は1発でこの曲を好きになった。しかし、朝ドラでは1番のみしか流れず、楽曲も発売されないまま、しばらくその状態が続いた。朝ドラ開始から4ヶ月後、いよいよ「アイデア」のミュージックビデオが公開されその全貌がわかった時、僕は度肝を抜かれた。

1番とは打って変わって、2番はがらりと世界観の違う音楽に変貌していたのだ。そして、それは優しいブリッジを経由して最後に1つの音楽となる……。これを聴いた時、その楽曲の素晴らしさもさることながら、もう1つの感動に体が震えた。

朝ドラをフリにしたのだ。

そういうと聞こえは悪いかもしれないが、毎朝聴いていた1番が終わり、2番に変わった瞬間、曲の世界が変わる。源君の中では「2番を作るとなった時に時間も経って1番の時とは気分が変わっていて、これからの星野源を見せたい」と述懐しているが、これが確実に、「世の中を楽しませたい」という源君的なエンターテインメントなのだ。

自分のやりたい仕事、与えられた仕事をうまくつなげることによって自分の世界が広がっていく。自分次第でいくらでもカルチャーはつなげられる。

iPhoneから流れる「アイデア」を聴きながら、そう自分なりに解釈したことを思い出した。その瞬間に『ドラゴン桜』も自分なりにやれることがあると思えた。

僕の目的は今もずっと変わっていないままで、やっぱりコメディがしたい。これからもドラマをやる機会があれば、自分のしたい路線はあるが、それを世の中が求めているかわからない。しかし、とにかく自分が提供したAという作品を楽しむことによって、まったく関係のなかったBも楽しくなるような、自分が関わったものが全部つながって楽しくなるといいなというのが最終の目標だ。YouTube、読み物、ラジオなど、一個のプラットフォームだけじゃない、さまざまなものを横断し超えていく考え方が僕の中にある。

終章

自意識とコメディの日々

すべてはコントに

２０１９年。世界中にコロナの脅威が襲い掛かる前の年。

毎年恒例の夏のバナナマンライブの最終日の前日に、僕は設楽さんと寿司を食べに行っていた。僕はとにかく寿司が好きだ。父の影響である。

父はとにかく寿司が好きで、子供の頃からたま〜に寿司を食べに連れて行ってくれた。「カウンターで食えるようにならないとな」。父は寿司を食べに行くと誇らしげにそれを僕に言った。「面倒くせえ親父だな」と思っていた。大学で実家を離れてからも、たまに帰郷すると父は寿司に連れて行ってくれた。

「ごめん。俺、お父さんの会社は継げない」

大学で笑いの世界に飛び込み、大学を5年行くも卒業せずに、自分の勝手な思いだけを告げた。それから数年、父とは溝が生まれ、あまり話をすることはなくなった。

運良く僕はさまざまな仲間に恵まれ、夢であったコントライブをたくさん作ることができた。

後輩たちもできた。

僕は後輩たちを寿司屋に連れて行くのが好きだ。カウンターで寿司を食い、後輩に夢を語り、最終的に「カウンターで食えるようにならないとな」と言う。「面倒くせえ先輩だな」と思っているに違いない。


2005年くらいの時、父は糖尿病を悪化させ倒れてしまった。僕は地元に戻り、久しぶりに父と再会した。頑固な昭和の父は影を潜め、すっかり弱りきっていた。倒れたことにより父は自分の築き上げた建設会社に対するモチベーションが下がっていた。日本もかなり不景気になり、田舎の建設会社はなかなかの苦境に立たされていたのだった。

「俺の跡なんか継がないで良かったよ」

見栄っ張りだった父が、いつしかそんなことを言うようになった。それから、なんとなく父との関係は雪解けし、両親はちょくちょく東京へ遊びにくるようになった。両親の楽しみは東京に来て寿司を食べることだった。

僕は、必ず来るたびに寿司をご馳走した。

寿司を食べて、酒に酔うと父は必ず「俺はお前が何をしてるのかさっぱりわからない。

何やってんだ？　人に自慢できるようなことやれてるのか？」と聞いてきた。

「人に寿司を奢ってもらってるくせに何言ってんだ」

と言いたかったが、テレビ構成作家って言っても見ている人は何をしているかわからないだろうし、コントライブって言っても、父にはなかなか理解できないだろうし……見栄っ張りな人だから周囲の人に何かしら自慢したいんだろうなとは感じていた。


設楽さんと寿司を食べていたら、妹から電話がかかってきた。夜22時を過ぎていた。こんな時間に妹から電話がかかってくるなんて珍しい。妙な胸騒ぎがした。電話に出ると妹は泣きながらこう言った。

「お父さんが倒れた。もう無理かもしれない」

父は糖尿病の悪化から人工透析をしていた。それが最近になってもう透析はできないと医者に告げられたのだ。透析ができなくなった人間はもうどうにもならない。

翌日、バナナマンライブ最終日を迎えた後、僕はすぐに地元へ戻り、父のいる病院へ向かった。もう意識はなく、行ってもしゃべれるかどうかわからないと言われた。

僕が病室に入ると母が意識のない父に向かって「良が帰ってきたよ」と言った。する

と意識のなかった父は少し目を開けた。病室にいる家族は全員驚いた。僕は父に顔を近づけた。父は僕の顔を見るとか細い声で、

「腹減ったなぁ」

と言った。

とりあず安心して、僕は東京へ戻った。実はこの1週間後、東京03の単独ライブが控えていたのだ。バナナマンライブにつきっきりだったため、僕は東京03の仕事が1つもできていなかった。僕の仕事はオープニング曲とエンディング曲の作詞、幕間VTRネタを6本制作すること。そして、何より大変なのはラストの長尺ネタの台本の作成である。父のことも心配であるが、それをやらなくてはならない。

しかし翌日、再び妹から連絡が入った。

「お父さんがまた意識を失った。今度は本当にダメかもしれない！」

僕は再び地元の病院へ向かった。

病室へ入り、父のもとへ行くと……また意識を取り戻したのである。

「あっ、良……」

病室は爆笑した。

その日の夜、病室で父と2人きりで話をした。父はかすれた声でこう言った。

「……はぁーはぁ……この前、テレビ見てたら、良を見て泣いた若い子がいたな……」

父は『ゴッドタン』のことを言っていた。企画で「次に来る若手芸人」として、かが屋を紹介した。かが屋はバナナマンを尊敬していて、僕がやっているコントライブを好きだと言ってくれていた。その日たまたまスタジオに僕はいて、矢作さんがかが屋の2人に「じゃあオークラが今いるけど、会えてうれしいの？」と聞いた時、かが屋は僕を見て、感動して泣いてくれたのだ。自分でこんなこと言うのは恥ずかしいが、かつてシティボーイズライブを見て感動した僕が作ったライブを同じように若い人たちが見て感動してくれる……ただただうれしかった。父はなんだかんだ僕の作ったものをすべて知っていて、そのオンエアももちろん見ていたのだ。

声を振り絞り、父は言葉を続けた。

「……はぁーはぁー……俺はお前を自慢していいのかな……？」

息子が何をやっているかわからないが、若い子が僕を見て泣いた。それが父には誇らしかったんだろう。僕はまだまだ何かを成し遂げたとは思ってないが父に言った。

「まあ自慢していいんじゃない」

「……はぁーはぁー」

それが僕たちの最後の会話だった。


それから数日後、僕は父の告別式のため、また地元へ帰ってきた。東京03の単独ライブまであと2日。まだ最後のネタの台本を書けていなかった。なんなら設定すら思いついていなかった。僕は父の遺影を見ながら、

「父が倒れたと報告を受けて、病院に駆けつける父が意識を取り戻す。それが5回続き、会社のヤツから白い目で見られはじめる」

というネタを書くことにした。

それから徹夜をして台本を書きあげた。30分近くある台本ができた。飯塚さんに、

「ごめん。1日しかないけど大丈夫?」

と連絡すると
「大丈夫、30分のネタ覚えればいいだけだろう」

と答えてくれた。

自意識は続く

「俺たちも頑張った方だよな」

最近、設楽さんがこんなことを口にした。

2021年、世界中にコロナの脅威が襲い掛かってから2年近く経った。これにより、1997年から必ず毎年1回やっていたバナナマンライブが2年連続で中止せざるをえなくなっていた。客数を減らして、なんとかすればやれたのでは？　という考え方もあったが、バナナマンの場合それは難しい。設楽さんは『ノンストップ！』という朝の情報番組のMCをやっている。イメージ上、その行動には責任が付きまとう。自分の主催したライブで万が一クラスタが出たら大問題だし、多くの人に迷惑をかけてしまう。やむにやまれずの中止であった。

2012年、完全に売れっ子芸人の仲間入りをしていた設楽さんに『ノンストップ！』MCの仕事が舞い込んでから、バナナマンは手が付けられないくらい忙しくなった。そんな中でもバナナマンは必ず1年に1回単独ライブをやった。簡単に聞こえるかもしれないが、あのスケジュールの中で2時間のネタを作り、覚え、練習して披露する。しかも、やればいいだけじゃない。面白くないといけないのだ。これは誰がなんと言おうがしんどいのだ。それが証拠にテレビで活躍する芸人たちで、単独ライブを毎年続けている芸人なんてほとんどいない。

数年前、ある売れっ子芸人が行った単独ライブを見たプロデューサーが、設楽さんにヨイショするつもりだったのか「いやーバナナマンライブに比べてクオリティが低いですよー」と言った。プロデューサーがその場を去った後、設楽さんは少し憤った様子で「面白い単独をやってもそれが当たり前、少しでもつまらないと鬼の首をとったかのように言われる。だったらなんのためにこんなことやってんのかな……」とつぶやいた。

しかし、バナナマンは単独ライブをやり続ける。なぜか？

自意識がそうさせるのだ。

「自分たちの作ったコントは面白い」という高い自意識を肯定させるには、どんなに苦しかろうと、それをやり続けるしかないのだ。

自意識は時として自分を苦しめる。

思い描く理想の自分と現実の自分。そのギャップを埋める作業の繰り返し。状況はどんどん変化して、傍から見たら「うらやましい」と思われたとしても理想の自分はもっと高いところにある。それが自意識だ。解放されたいと思う時だってある。

「俺たちも頑張った方だよな」

設楽さんはラジオ本番前の喫煙室でぽつりとつぶやいた。その言葉の真意はわからない。ただ毎年コントライブを続けてきた人間が、2年もできないこの状況下で自意識に苦しめられて、解放されたいと思ったのかもしれない。

「俺たちも頑張った方だよな」。まるで独り言のように言ったその言葉に、僕はハッキリと「当たり前じゃないですか!!」と答えた。

僕には確信していることが1つある。それは、東京コント師の単独ライブカルチャーはバナナマンが作った！　物心ついた時からドリフ、BIG3、とんねるず、ウッチャンナンチャン、ダウンタウンを見て育ち、20代は下北沢で暮らしてシティボーイズやイッセー尾形のビデオを見たり、『スネークマンショー』を聴いたり……受け継いだすべてをコントライブにぶつけ、バナナマンライブが生まれた。それは確実に2000年以降のコント芸人たちのマスターピースになったはずだ。ラーメンズも東京03もバナナマンの影響を受けて単独ライブをはじめた。そして、新たなコントカルチャーを生み出して、また若いコント師たちに受け継がれていった。

自分もその一端を担ったんだ。

あまり大きな声では言えないが、僕はそう思っている。

その時だけ、僕は自意識から解放される。

あとがき

ここまで、僕の自意識にお付き合いただきまことにありがとうございます。とても恥ずかしいような気もしますが、恥部を見られた興奮のような思いもあります。

ここで書かれたことは、雑誌『Quick Japan』で２０１６年から書き上げたコラムをまとめたものです。「一度書いたし、気になったところを軽く直すくらいでいいか～」と思っていたのですが、いざ手を入れはじめるとこれがキリがない。過去のエピソードがあれやこれやと蘇ってきたからです。

この本に書かれている内容は、僕の20代、30代のエピソードを中心に現在に至るまで僕が見てきたもの、感じてきたことです。時間にしたら約30年間のお話になります。新たにエピソードを書き足していったら、締め切りの時間を大幅にオーバーし何度も発売日が遅れることになり、編集の続木さん、デザイナーの佐々木さんにご迷惑をおかけしました。本当に申し訳ありません。

ただ、そんなご迷惑をかけたにも関わらず、すべてをまとめることができませんでした。書けば書くほどに記憶が蘇り、歯止めがきかなかったのです。

この本を書きながら、自意識とは他者と接することで生まれるものだと改めて感じました。他者と接し、好きになったり、嫌いになったり、尊敬したり、見下したりして自己が形成されるわけです。書き終えて高揚感のある今だからこそ、素直にこんな言葉が出てきます。

巡り合えた人、すべてに感謝……。

一応、本気でそう思っているのです。本当は出会った方々すべてのエピソードと感謝の気持ちを書きたかったんです。

まず本文で登場した芸人さんと、それに関わった方々、バナナマンマネージャー、東京03マネージャー、10年以上続いているラジオの『バナナムーン』スタッフのみんな、

『ゴッドタン』のみんな、『バナナサンド』のみんな、今、一緒に仕事をしているみんな、『ウレロ』のみんな、『漫画みたいにいかない。』のみんな、『崩壊』シリーズのみんな、『みなさんのおかげでした』のみんな、『はねるのトびら』のみんな、『トリビアの泉』立ち上げの4人の作家、弟子なのかなんなのかよくわからないが永井、酒井、秋もっちゃん、志津香、並木君、畑村、かーたん、堀さん、僕の愚痴を聴いてくれる飲み友達……お母さん、兄弟、妻……まだまだたくさんいますが、これ以上書くとページがなくなるので、ちょっとそれ以外の人は後で直接お会いして感謝を述べます。

僕はこの本を書くことで改めて、自分の自意識と触れ合うことができました。

「さまざまなカルチャーが融合するコントライブを作り上げる」という夢を持ち、それに関わった仲間たちと挫折と成功を繰り返しながら、日々真剣にコントと向き合いながら努力もしたけど、その大半はくだらない毎日でした。しかしくだらないの中に作ってきたコントだけは自意識が詰まったものでした。

僕の人生について他人からどう思われようが構いません。作り上げてきたコントを見て笑っていただければそれでいいんです。

欲を言うなら、そんなコントを見てカルチャーに興味を持ち、当時の僕らが偉大なる先輩たちから受け取ったあの感覚を与えることができたなら、これほど幸せなことはありません。

改めて、この本を最後まで書かせてくれた続木順平さん、そして、「この本を表紙に僕の絵を描いてくれませんか？」とお願いしたら、忙しい中、20枚近く僕の顔を描いてくれた設楽統さん、最後まで読んでくれたみなさん、本当にありがとうございました。

「俺はお前が何をやってるのかわからん」と言った父もこの本を読んだら、おそらく少しはわかってくれたかもしれません。漫画が好きだったからちゃんと読んでくれるかはわかりませんが……。

最後に、今3歳だけどいつかこの本を読むであろう息子に。
自意識は自分を苦しめるけど、それとちゃんと向き合えば、必ず笑える日々が送れるから。

※本書は雑誌『Quick Japan』の連載（２０１６年２月〜２０２１年10月）を見直し大幅に加筆修正をした、ほぼ描き下ろしに近いものです。

オークラ

１９７３年生まれ。群馬県出身。脚本家、放送作家。バナナマン、東京03の単独公演に初期から現在まで関わり続ける。主な担当番組は『ゴッドタン』『バナナサンド』『バナナマンのバナナムーンGOLD』など多数。近年は日曜劇場『ドラゴン桜２』の脚本のほか、乃木坂46のカップスターWeb ＣＭの脚本監督など仕事が多岐に広がっている。

自意識とコメディの日々

◎著者＝オークラ　◎編集＝続木順平　◎発行者＝岡聡　◎発行所＝株式会社太田出版
〒160・8571　東京都新宿区愛住町22　第三山田ビル4階　☎03・3359・6262　振替00120・6・162166　http://www.ohtabooks.com/　◎印刷・製本＝株式会社シナノ　◎ISBN978−4−7783−1779−9　C0095

2021年12月10日　第1刷発行
2022年1月14日　第4刷発行